森 武
Takeshi Mori
川村範行 解説
Noriyuki Kawamura

ピンポン外交の軌跡

東京、
北京、
そして名古屋

第26回世界卓球選手権大会ポスター。1961年に北京で開催されたこの大会には、日本はもちろん、ラテンアメリカやアフリカの国々も参加している

第23回世界卓球選手権大会プログラム。1956年に東京で開催されたこの大会には、当時国交がなかった中国の卓球選手団も参加している

北京世界をきっかけに日中交歓卓球大会が始まり、訪中する日本卓球選手団（1962年7月）

周恩来総理と後藤日本卓球協会会長一行　1971 年 1 月 29 日北京人民大会堂にて

後藤日本卓球協会会長一行が訪中し、周恩来総理と接見したことは、当時の人民日報で、連日大きく報道された

ピンポン外交の舞台となった第 31 回世界卓球選手権大会　1971 年 3 月～4 月名古屋で開催
中日新聞社提供

THE CHUNICHI SHIMBUN（夕刊）

中日新聞

夕刊

中国、米選手団を招待

世界卓球後、北京へ

米の申し入れに応ず

協栄物産

共同通信社の中島記者による「中国が米選手団を招待」の記事　中日新聞 1971 年 4 月 7 日夕刊

右から ITTF 2 代会長エバンス夫妻、
ITTF 技術委員長ラマヌジャン氏と筆者
（1983 年 東京世界で来日）

ITTF 初代会長モンタギュー氏と筆者
（1983 年 東京世界で来日）

ピンポン外交の舞台となった名古屋世界から 44 年後の 2015 年 5 月に除幕された記念モニュメント
（愛知県体育館正面玄関横）

はじめに

先日、朝日新聞で戦後七十年の十大スポーツニュースを選んだ記事がありました。元ＩＯＣ委員でもあった岡野俊一郎さんが執筆していましたが、その一つに「ピンポン外交」が取り上げられていました。また、本年五月には愛知県体育館に「ピンポン外交記念モニュメント」が設けられ、今さらながら、「ピンポン外交」の存在価値の大きさに驚いているところです。

この本の元原稿は鈴木一氏が発行していた同人雑誌「卓球人」（年四回発行）に、数年間にわたり連載したものです。一九五六年の東京世界(世界卓球選手権大会)には、中国が参加していたこと、そして、一九六一年には北京世界（同）が開かれたこと、その後、隔年で日中交歓卓球大会が開催されたことに触れました。一九七一年名古屋世界（同）に、文化大革命直後の中国が参加できるようにと、日本卓球協会会長であり、アジア卓連会長に就任したばかりの後藤鉀二氏と一緒に中国を訪れたときのことも、日にちを追って詳しく書いています。当時のパスポート、手帖、メモ帳などをきちんと残していて、そこに細かい事実がそのまま残されていたことが幸運だったと思います。

「卓球人」での連載は、卓球ファンに好評？のうちに二十五回まで続きました。

振り返ってみますと、私も「ピンポン外交」を題材として、日本や中国で講演や発表を何回か行ってきました。研究誌にも発表しました。これも後藤鉀二という人物との出会い、そしてお引き立てがあったからこそで、運命めいた巡り合わせだったことを、今さらながら強く感じております。

中国と日本が国交を回復するのは、名古屋世界の翌年、一九七二年のことです。最近では中国からの観光客も多く、今の若い世代にとって、中国は気軽に行き来のできる国だと思います。そんな若い世代が本文を理解しやすいように、解説を付けました。

ピンポン外交の軌跡　東京、北京、そして名古屋

ピンポン外交の軌跡

東京、北京、そして名古屋

森 武

ピンポン外交の定義

ピンポン外交といえば、一般的には〝後藤鉀二[*]〟であり、〝名古屋〟〝米中関係〟〝日中関係〟をも含む多少広く解釈したものと理解されている。確かに名古屋世界の折にアメリカ選手団が中国側の招待を受けて訪中したことから始まるが、その際アメリカで「Ping-Pong Diplomacy」と報道されたことから生まれた「ピンポン外交」であるから、場所、人物いずれも正解である。

当時の『現代用語の基礎知識』（自由国民社発行）では世界政治用語としてとりあげられ、「名古屋において開催された第31回世界卓球選手権大会[**]に参加するために、四年半ぶりに中国選手団が来日、大会後も各地で親善試合を行った。この滞在のあいだ、選手団首脳、とくに副団長の王暁雲は、労働者はもちろんのこと、一部財界人など各層の代表者と精力的に会談し、日中交流の将来にたいして大きな期待をいだかせた。そして、最も大きな成果は、この大会に参加していたアメリカ卓球チームとアメリカ人記者団が中国を友好訪問することを認められ、中米関係にとって新しいページが開かれた。いわば卓球（ピンポン）が効果的な外交の道具として使われたために、こう呼ばれた」と記されている。

ここでは日中と米中の両方の関係を表現しているが、米国政府や米国では一般的に米中のみを指しているし、中国でさえその傾向がある。このようにピンポン外交を最も狭義に定義づける場合と、日中を含めてやや広義に定義づける場合の二つが考えられる。

さらにもう一つはより広義の意義づけをする場合であって、森方式のそれを挙げておきたい。例えば、名古屋以前の約十年間実施されてきた日中交歓大会や中国台北を認める以前の中国と台湾の対戦（ＡＡＡ大会[***]）、韓国と朝鮮民主主義人民共和国の統一チーム（千葉世界[****]）、現在も微妙なイスラエルとパレスチナのダブルスなどの卓球の交流＝外交も含めた三番目の広義の定義づけである。当然ここでは広義の解釈を前提にして幅広くピンポン外交をとらえ論じてみることにしたい。

＊ 一九〇六年～一九七二年。東京都出身の教育者。卓球指導者。名古屋電気工業高校を愛知工業大学をふくむ名古屋電気学園に発展させ、一九五一年に理事長となる。一九六八年、日本卓球協会会長。

＊＊ 第31回世界卓球選手権名古屋大会。一九七一年三月～四月開催。

＊＊＊ 一九七一年十一月、中国卓球協会とエジプト、モーリシャス、ネパール、朝鮮民主主義人民共和国、日本の六か国が発起国となって開催。五十一の国と地域が参加した友好試合。一九七二年四月には北京で八十七の協会が参加して行われた。

＊＊＊＊ 第41回世界卓球選手権千葉大会。一九九一年四月開催。

国際卓球連盟の特性

私は大学時代、卓球がなぜオリンピック種目にないのかと単純に疑問視した。先輩からは、卓球は国旗・国歌も使用しないこと、プロもアマチュア問題もオープン、まして参加人数が奇数であれば、どこかの国・地域の人とダブルスを組んで参加できるという極めてファミリー的で楽しい雰囲気を重要視している種目である、と説明を受けた。私自身、多少勝利第一主義的な考え方であったので、すべて理解できたとはいえないが、一方においてはすばらしい種目だと、オリンピック種目でないことにむしろ誇りすら感じるようになっていった。さらに歴史的にも卓球とは深いつながりをもつ日本テニス協会の役員の仲間からも、オリンピックへの参加よりもデビスカップ*を最高の栄誉とすることを、酒の肴として聞いたことを思い出す（現在は共にオリンピック種目）。また、国際卓球連盟**（国際連盟、ＩＴＴＦ）への加盟は協会（地域）単位で認めることとした。乱暴な言い方であるが、東日本連盟と西日本連盟の二つの組織体としての加盟をしようとしても、それは不可能ではないのである。

実はこれらの国際連盟の方向は、いわゆるピンポン外交をしやすくしてくれる条件となったのである。ＩＴＴＦ初代会長であり四十一年間会長職にあったアイボア・モンタギュー***氏の主義主張・思想がピンポン外交を生み出す原点であったといっても過言ではなかろう。

モンタギュー氏が一九八三年の東京世界に招待されて来日した折、たまたま接待役を務めたことを思い起こしている。その際のモンタギュー氏の印象は、かなりのご高齢であった割にはお元気で、日本の友人牛原虚彦氏（映画監督）との赤坂での一席は、私にとって生涯忘れられない思い出となっている。あの風格と笑顔が。

* 国際テニス連盟が主催する男子の国別対抗戦。

** International Tennis Fedelation 卓球の国際組織。世界卓球選手権を主催する団体。

*** 一九〇四年～一九八四年。イングランド貴族。一九二六年に国際卓球連盟初代会長となり一九六七年まで会長職。

中国卓球代表団、東京世界に参加

ＩＴＦのモンタギュー初代会長の哲学・思想もあって、国際卓球界はスポーツ外交が成立しやすい環境（状況）にあったことに触れた。

さて、日中間のピンポン外交も意外と古く、振り返ってみると一九五六年の東京世界*に始まる。

中華人民共和国が成立したのが一九四九年。当時は日中間の国交は成らず、ごくごく限られた人の交流にすぎなかった。記録によれば一九五四年に中国側からは赤十字代表団、日本側からは学術文化視察団や歌舞伎公演団など、民間交流から動きが始まる。当時の日本の政界は鳩山一郎内閣が対外融和策を推し進め、一九五六年には日ソ国交回復を実現し、中国との国交回復にも大きな期待が持たれていた。一方、中国側の政府首脳陣も日中間に存在する懸案事項、たとえば邦人の帰国問題や貿易促進に対する解決策を示しつつ、何回か国交正常化の呼びかけもしている。こういう好条件のなかで、一九五六年四月東京世界を開催することになる。しかし、当時の日本卓球協会（日卓協）としては中国の参加を特に強く要望したわけでもなく、すべての他の参加国と同様、参加不参加は当事国が決めるものという姿勢だった。また、日本卓球協会として、国交のない国の選手団の受け入れは未経験であり、接遇担当者は入国問題や警備問題でいろいろ苦慮していた。窓口は日本交通公社だったと思う。

その後、長い間日中の窓口となってくれた日中文化交流協会**が創立したのはその年の三月だったことからすれば、やりくりが大変だったのは当然のことであった。

そこで中国代表団のお世話は主として新橋にある華僑総会***（中国大陸系）が担当してくれた。通訳、食事、練習場の確保など、すべての面で協力いただいた団体である。当時日本では中国

＊
第23回世界卓球選手権大会東京。一九五六年四月開催。

＊＊
正式名は一般財団法人日本中国文化交流協会。一九五六年、中島健蔵、千田是也、井上靖、團伊玖磨らが中心となり東京で創立。日中両国間の友好と文化交流を促進するための民間団体。

＊＊＊
東京華僑総会。東京に移住した中国人とその子孫の団体。

を〝中共〟〝レッドチャイナ〟などと呼び、他の国の代表団とは違う独特の扱いであった。私は時間的に恵まれていたせいもあって、幅広く東京世界のお手伝いをしたが、その一つが中国担当であった。しかし、実際はほとんど華僑総会任せで中国代表団の直接のお世話はしなかったし、できなかった。なぜならどちらかといえば食事、練習を含めてクローズの体制であり、練習などオープンにする気配はなかったからである。また、東京世界への参加申し込みは、ぎりぎりになって中国卓球協会からあったが、当然社会主義国家機構として、その陰に中国政府の意向が強く反映していたからである。参加不参加の議論を含め、不安な政情の残る日本へ、あえて参加しなくてもよいという意見もあって当然だったと思う。ここで参加に踏み切ったのは、日本との国交正常化を提言していた周恩来総理の発言によるものであったことを知ったのは、一九六二年以降の日中友好交流の時代になってからのことであった。このように中国政府側も含めて、中国が今後国際的な位置づけを高めていくには、〝乒乓球〟*を利用することが効果的であるということに気付き、その一つの手段として東京世界に参加することを決めたとすれば、中国の外交政策（周恩来総理）は鋭いといわざるを得ない。中国はその後もピンポン外交へと一貫してつながりを見せ、外交政策を推し進めている。ただし、試合の結果は優勝も入賞もなく、中国は静かに帰国している。

なお、個人的なことになってしまうが、私自身も開催国日本の男女各十六名の代表をめざして頑張ったが、あと一歩でベスト16入りを果たせず、東京世界は終始お手伝い役に徹することになった。通常ならば早大を卒業する年だったので、新入社員として忙しい時期のはずであった。ところが運があってかどうか、日本一の会社の推薦就職に失敗した。そこで、早大体育局の勧めもあり、学校に残って「体育管理」の研究者の道を選んだ。おかげで東京世界は思う存分の

＊ 中国語の卓球。「ピンパンチュウ」と発音する。

お手伝いできる立場にあった。
あの当時ご指導いただいた先輩はもうほとんどいない。

北京で世界卓球選手権大会開催

日中間のピンポン外交（スポーツ外交）のはじまりである一九五六年東京世界について述べた。次は、年代順からみて一九六一年の北京世界*ということになる。

これまでの世界卓球の開催都市と優勝チームをみると、一九五〇年まではイギリスやドイツもあるが、チェコ、ハンガリー、ルーマニア、ユーゴなど、いわゆるヨーロッパの社会主義系国家が多くを占めている。従ってＩＴＴＦでこれらの国が力を持っていた。

中華人民共和国は成立以来、これらの国とは友好関係にあったし、北京世界の開催も比較的容易に決定をみた。

しかし、中国はまだ国内の充実に力を注ぐ時代で、政府の支援なくして国際イベントなどは開催できなかった。

時の中国政府、特に周恩来総理は、卓球こそが中国の国際復帰を推し進める得策種目として着目したようである。早速、会場とする体育館を一年有余で新築させ、選手の強化にも要人が出向くなど、力強く後押しをした。また、北京世界の開会式には周恩来総理自身も出席するなどで話題となった。

前述したように、生来卓球には外交がしやすい特性があり、同じアジアで開催する東京世界を活用し、さらに地元北京世界では政府を挙げて成功させることによって、日中間はもとより

＊ 第26回世界卓球選手権大会北京。一九六一年四月開催。

ラテンアメリカやアフリカなど発展途上国とのピンポン外交へと幅を広げていくのである。

当時の日中関係をみてみると決して友好的とはいえなかった。これまで中国と信頼関係にあった石橋湛山内閣から一九五七年に岸信介内閣になり、台湾を訪問して大陸反抗に賛意を表明したりした。また、長崎国旗事件*もあり、中国政府の声明で一時日中関係は中断した。そして、一九六〇年には日米安保条約が改定されるという激動の時代であった。

このような背景から、日本でも一般的なムードに反中国的感情が加わり、日本の卓球界にもその傾向がなきにしもあらずだったのである。

それでも、日本の報道は北京世界を大々的に扱った。なぜか？　それは日本からの取材申請に対して予想以上に認められたことによる効果だったのではないか。すなわち、サンケイ、ラジオ東京を除く三大新聞社など七社（ＮＨＫ、共同、中日、スポニチ）が入国を認められ、香港経由で中国入りした。

各社が相競う形で、開会式の写真、例えば日本選手団の入場行進はもとより、周恩来総理と鈴木万平団長（日本卓球協会会長）の握手や、周恩来総理と日本女子選手とのパーティでの記念写真などを、競技の写真とともに載せている。また、卓球の他に中国国内の情勢も多く記事にしていた。

大会も順調に進んだが、団体戦、個人戦とも地元中国はなかなか強かった。しかし、当時先輩格の日本もよく頑張って結果はともに三種目ずつ優勝。その上各種目で日中両国選手の激突があって、報道陣の取材を助けていた。

ここで今日なおあまり話題になっていないが、日中ピンポン外交上大変な大きな事件（話題）が起きるのである。

* 一九五八年五月二日、長崎で開催されていた中国商品展示会会場で、日本人青年が中国の国旗「五星紅旗」を引きずりおろす事件があった。その青年に対する処罰が軽いことに、中国側が激怒し、その後、二年ほど通商が途絶えた。

大会も大成功裡のうちに終わり、中国側から（周恩来総理の発案もあって）日中交流事業の提案がされた。世界卓球のない年に日中交歓卓球大会＊で相互交流を図ろうという案である。日本側は長谷川喜代太郎監督が受けて内々合意の話し合いで終わっている。

このことは当時の新聞を探しても出てこない。選手団帰国後、日本卓球協会に報告され、協議の結果、北京世界の翌年一九六二年七月に日本選手団の訪中、十月には中国代表団が来日することが決定され、日中交歓卓球大会がスタートすることになっていくのである。

日中交歓卓球大会始まる

日中（中日）交歓卓球大会について詳しく触れてみたい。

縁あって、私が第一回訪中代表団の監督に指名された。団長柴田百門氏、総務に日中文化交流協会の村岡久平氏、選手は男子が木村興治、三木圭一、瀬川栄治、松原正和。女子は松崎キミ代、関正子、吉田民子、中山千鶴子というメンバーであった。あとで聞いた話では、私の人事については、すべてが先輩となる日卓協理事や私の身近な先輩からも、若すぎる、早すぎるという意見があったという。当然のことと思わないわけでもないが、知らぬが強み、本人は喜んで引き受けていたのであった。

この辺りからは中国との電信電話が頻繁になり、窓口の日中文化交流協会との接触も多くなり、今は亡き白戸吾夫さん、長い間事務局長だった佐藤純子さんをはじめ、職員のすべての皆さんに親切にしていただいたことは忘れられない。早稲田同士で先輩の白戸さん、後輩の村岡さんということも幸いであったのかもしれない。

＊一九六二年から六六年まで隔年開催。一九七一年名古屋世界後、一九七九年まで頻繁に行われてきた。
　その後は友好都市交流の方式に変えて行われている。

中国での交歓大会は北京、天津、上海、広東で行われ、満員の観客で埋まった。緊張のなかにもしっかりとした接待を受け太り気味で帰国したこと、入場できずに会場前で歓迎してくれたおそらく元日本人たち、捨てたつもりの靴下が洗濯されて次の宿舎へ届けられたこと、初めて必要となった中国語は〝チー　パオラ〟（満腹の意）だったことなど、当時の思い出は多い。

一方、十月の日本での交歓大会は、東京、大阪、名古屋と横浜、徳島で開催された。訪中の際にお世話になったこともあって、中国選手団とともに行動する世話係になった。公式戦の成績は日本の男子一勝二敗、女子は二勝一敗で終わったが、大熱戦であった。

国交のない国の選手団の入国問題だけに法務省、外務省との複雑な手続きや現場では、警察庁、警視庁との接触には手を焼いた。事務局の遠藤好次さん、尾崎敏彦さんとともに苦労した思い出は数多くある。

また、中国の女子選手韓玉珍の途中帰国という事件もあった。ホテルでの怪我が警察問題となり、来日の翌朝、宿泊先の赤坂プリンスホテルから羽田へ出発した外人用バスがあったため、空港を一時閉鎖するというハプニングまで起こった。日中文化交流協会の中島健蔵さん、日卓協の長谷川喜代太郎さん、柴田さんとともに、中国代表団と日本の警察との間に入って頭を痛めたこともあった。また、このような政治情勢のなかで、私どもを助けてくれたものもいくつかある。まず、「スポーツと政治は別」という一般通念である。中国との交流に反対する人たちに対して有効利用させていただいた記憶がある。「日本民族は優れた民族である」という周恩来総理の発言も役立った。

なお、慣れない右翼対策には警視庁外事の指導を受けた。接触も拒否しないで話を聞くことということだが、周囲には私どもがいるということだったので、少しずつ慣れて対応できるようになった。何よりも助けられたのは中国選手団の対応である。代表団となると同時に日本の右翼団体がらみの知識を学習済みであるように感じた。

このような背景のなかで、ピンポン外交が引き金となって日中のスポーツ関係は急速に動き始めた。たとえば一九六三年にスケート、一九六四年には卓球とバレーボール、一九六五年にはハンドボール、一九六六年にはバスケットボールとレスリングが加わり、さらに日本体育協会の中枢、陸連の河野謙三会長、青木半治副会長、水連の田畑政治名誉会長、奥野良会長の訪中まで実現したのである。

このように一九六一年から一九六五年までは、スポーツ交流をはじめ、文化、経済、貿易関係にも広がりを見せ、日中交流が盛んとなった。

文化大革命の兆候から終結

中国の「文化大革命」*（文革）の動きが一九六六年にいよいよ表面化し、紅衛兵の登場、そしてその動きが活発化し、日中交流も厳しい時代となっていった。そういうなかで第三回交歓卓球大会も第二回大会に引き続いて隔年開催の約束通り、五月の来日、八月の訪中と、それぞれの代表団によって盛大に熱戦が展開された。その六年の間に中国側は陳先会長が団長として二回、文革で迫害を受けたといわれる伝其芳も二回、容国団が前監督として来日している。一方、日本側も長谷川喜代太郎、後藤鉀二、荻村伊智朗、藤井基男ら錚々たるスタッフで臨んでいる。この時期までは女子は互角、男子はやや中国が優勢ではあったが、それなりにいい勝負をしていた。

文革の兆候が表れた一九六六年八月に訪中したある日本選手の話では、トラックに乗った若

＊　一九六六年から約十年間、毛沢東指導下で続いた政治、権力闘争。

い紅衛兵が叩くドラの音を聞かされた時は、身の不安さえ感じたという。実は後藤さんから監督の指名を受けながら、運悪く学校の仕事の都合で辞退してしまったことが、今になっては誠に残念至極に思えてならない。文革の実体をこの目で見る機会を逃すことになってしまったからである。

このようにして、九月のハンドボール代表団の来日を最後に、しばらくの間、卓球もその他のスポーツも、さらには文化、経済、政治交流がお休みの時期を迎えることになるのである。以来四年間は正確な情報も得られないまま、例えば三角帽をかぶせられた権力者という人たちの報道ばかりが目立ったり、荘則棟選手の自殺説*があったりと、不確かな情報に振り回された。また、一九五六年東京世界と一九六一年第一回交歓大会の団長で来日した栄高棠さんが、一九七一年に北京でお会いした際、言葉少なく「農村に行って百姓をしていました」と少々ほっそりした感じながら、真っ黒に日焼けした顔で話してくれたことが、今でも強烈な印象として残っている。この栄高棠さんに二〇〇六年年三月の日中スポーツ交流五十周年記念訪中の際、抱擁の挨拶をしていただいたのを最後に、今はもうお会いできない。九十二歳、二〇〇六年十一月肺炎で他界された。東京世界、日中交歓の団長として来日された際にはお世話役を受け持ったが、まさか北京で訃報に接することになるとは。私は、天津での第三回中日関係研究会**の帰途、王効賢、徐寅生先生のお力添えもあって、たまたま北京オリンピック施設を取材していた。そこに飛び込んできた栄高棠さんの訃報だった。(財)日本卓球協会と小生の生花を依頼し、ご冥福を祈りながら、翌朝機中の人となった。

なお、文革という破格の激動期も静けさを取り戻すのに、あまり時間はかからなかった。一九七〇年十月一日には毛沢東主席、周恩来総理らの首脳陣は国慶二十一周年を祝すため、再

＊文化大革命中に噂として流されたニュース。その後、名古屋世界にも参加している。事実誤認だった。

＊＊「日中友好99人委員会」、「日中未来の会」など多くの研究会がある。

び天安門の楼上に姿を見せた。この時、日中文化交流協会の中島理事長も訪中したが、周恩来総理から一九七一年名古屋世界に中国選手団を参加させたい意向があるという話があったという。周恩来総理の脳裏には、この世界卓球を文革後の再建中国のイメージアップのための材料とすることがあったのであろう。そして、『キッシンジャー秘録』*には、その当時すでに、中国とアメリカとの水面下での接触がパキスタンルート、ルーマニアルートを通じてあったと記されている。

中島さんの帰国後は、積極的な交渉が名古屋の後藤鉀二さんとの間に始まる。西園寺公一さん、白戸、村岡さん、荻村氏らと中国代表団招聘についての話し合いが持たれたはずだ。しかし、その内容は定かではない。当初は後藤・荻村監督で臨んだはずだが、荻村氏は後藤さんが亡くなるまでの間、事実上日本卓球協会でも国際卓球連盟でも役職についていない。後藤さんは荻村氏について聞かれると「スリーピング・オフィシャル」という洒落た表現をしていた。

＊国際政治学者であるキッシンジャーが、一九六九年にニクソン政権の国家安全保障補佐官に就任してから、一九七三年ベトナム和平協定を締結するまでの回顧録。（全五巻　小学館）

一九七一年名古屋世界前の国際情勢

話をわかりやすくするため当時の国内・国際情勢について少々触れておきたい。

一九六七年から七〇年までは中国の国内事情、すなわち文化大革命によって交流は途絶えるが、逆にその間、アジア各国（台湾を含む）との交流が学校間や実業団チームの遠征などで実施され、アジア選手権大会では良い成績を残すこととなった。また、新たに日卓協の事業として日ソ対抗や欧州選抜チームとの対戦を実施するようになった。つまり、この種のピンポン外交（広義）が激しく行われるようになった時代でもあった。

また、後藤強化本部長が一九六七年八月シンガポールで行われた第8回アジア選手権大会の総会で会長選挙に立候補し、選挙の結果十八票を獲得し、ラマヌジャン（インド）の十一票、金（韓国）の三票を上回ってアジア卓連の会長に就任することとなった。続いて一九六八年四月からは鈴木万平日卓協会長に代わって後藤新会長が誕生し、ここに日本とアジアのトップの座についたのである。

しかし、強化本部関連はやや波乱含みで、荻村強化本部長を中心とした強化本部のほとんどのスタッフが辞任するという事件があった。一九六八年から六九年にかけて、吉田南氏、鈴木一氏らの体制となったが、これも二年足らずで退いた。そこで、後藤会長の側近でもあった田舛彦介氏の働きかけもあって木村本部長を中心にしての若手六名のコーチ陣による新布陣を敷いたが、あと四か月で大会という十二月に全員辞任というハプニングがあったりした。

国際関係では、アジア連盟はＩＴＴＦメンバーでない台湾*を認め、ＩＴＴＦメンバーの中国が入っていないねじれ現象にあった。従ってＩＴＴＦから後藤新会長宛に台湾除名の勧告文が出されていた。しかし、シンガポールでは台湾は日本支持側であった。また、名古屋世界の主催はＩＴＴＦとなると複雑で、まして中国に参加要請するとなると、ますますいろいろなしがらみが交錯し、苦しい立場に追い込まれた。

後藤会長としてはどうしても名古屋世界だけは成功させなければならない宿命であり、日中文化交流協会のお誘いもあって、訪中して中国の参加要請をする方向へぐっと傾いていった。考え方としてはまず世界№1の中国の参加、文革後の中国の復活状況などを話題にして中国人気を高める。そして、入場料の増収にもつながればということであった。また台湾問題はＩＴＴＦからの勧告もあり、除名も止むを得ないという理由づけもでき決心しつつあった。

＊一九四九年、国共内戦に敗れた国民党の中華民国政府が置かれた。当時の指導者は蒋介石。

十二月半ば過ぎごろ名古屋へ呼び出しがあって出向いた時だったと思う。名古屋世界の女子監督の話があり、その夜、日中文化交流協会の白土さん、村岡さんにお会いした。話の様子ではまだ中国からの電報が届いていないことへのお叱りようで、両者は平身低頭していた。

その後、一月の後半になって後藤会長より自宅に電話が入った。訪中の準備をするようにとのことであった。もともと中国参加に賛成でもあり、喜んでお受けしたのは当たり前として、ふと振り返ってみて、私がメンバーに選ばれた背景について考えてみた。後藤会長とは当時側近という位置付けではなく理事としての立場でしかなかったはずである。早稲田の学生時代、地方遠征の途中名古屋電気学校*を訪問、家族ぐるみで親身のお世話を受けた恩を感じ、学生時代から賀状の挨拶はしてきたこと、荻村グループ時代、御殿場合宿に出席された時往復の接遇を受け持ったこと。あとは一九六二年の日中交歓名古屋大会で、団長付きだった私と栄高棠団長ともども後藤会長の車を団長車としてお世話いただいたこと、くらいであったからである。ただし一九六二年の訪中日本選手団の際、総務の村岡さんと一緒だったことや、一九六二、六四、六六年の来日中国選手団のお世話役を担当したことから中国になじみの多かったことは確かだったので、その筋からの推薦を受けてのことだったのだろうか。

招聘状を受け北京へ

後藤会長待望の招聘状を受け、一行四名（村岡久平日中文化交流協会事務局次長、森武、小田秘書）は北京へ向かうこととなった。

出発当日の一月二十四日は名古屋からの後藤、小田両氏と東京組の村岡氏と私は外務省で待

＊後藤鉀二氏が理事長を務めていた。後藤淳氏があとを継いでいる。

ち合わせて、出国手続きの資料を手に羽田空港へ向かった。外務省側も一週間足らずの日程では通常無理のようであったが、好意的に手続きを終えてもらい、なぜか大変親切にしてもらった記憶がある。

羽田では特別室Aルームに入る。報道関係には連絡なしだったので、比較的静かな出発だった。それでも名古屋から安藤朗市氏、日卓協事務局長四十栄氏、西園寺公一氏、中日備忘録貿易弁事処駐東京連絡所*（以後備忘録弁事処）の王作田氏らの見送りを受けた。利用便のBOACは午後四時三十分に予定通り出発した。

香港空港には八時過ぎに到着。香港卓球協会のシー・スー・チョウと日本語のできるバギー・ウォン（女性）の出迎えを受けた。

彼らの要望もあって香港の会長とともにレストランで話し合いをしたが、終始後藤会長を気遣いながらアジア卓連に関することが中心であった。アジアの他国にかこつけてむしろアジア卓連はオリンピックに参加する提案をITTFに働きかけてはいかがという話もあった。

当時のIOCには台湾が加盟し中華人民共和国が脱退していた状況からすれば、台湾サポート、中国ボイコットということになる。決して強硬な言い方ではなかったが、台湾サイドの韓国や南ベトナムとは話が通じているようであった。後藤会長は可でもなく不可でもない曖昧な話ぶりで終わった。

また、現地の報道関係の訪問もあった。これにも「これから中国との話し合いだ」という程度の話で終わり、おなじみの金剛飯店に宿泊することになる。

翌二十五日の早朝八時三十分に香港駅発、九竜鉄道経由で中国入りした。北京からわざわざ来ていた中華全国体育総会の洪林氏の出迎えを受けた。あとで聞いた話であるが、我々の北京

＊日中の国交正常化以前、大使館的な役割を果たしていた。

入りの時間などを考慮して当日の大型機の便を三時間遅らせたという政府がらみの大変なＶＩＰ待遇であった。

夜九時過ぎ北京空港着。出迎え陣は、呉暁達（中華人民対外友好協会負責人）、宋中（中国乒乓協会負責人）氏らと選手の徐寅生、邸鐘恵、荘則棟、林慧卿らで、空港で小休止の後、入国の手続きも何もなしで用意された車で北京飯店へ直行。ホテルには十一時三十分頃到着したが、用意された五階の四つの部屋に別れ、疲れ気味の体を休めた。

翌二十六日には早速の仕事で、村岡さんと私は午前中から中国側と日程の打ち合わせをした。後藤会長は午前中はお休み。午後は反帝病院（当時の呼称）という、外国人や政府の要人などを対象とした大きな病院で膝の診療を受けるスケジュールであった。この膝の治療はけっこう時間が長かった。というのは三人の医師、すなわち西洋医、漢方医、鍼療医の診療を受け、その三人が処方について協議決定するという段取りであったからだ。結局、後藤先生の場合は鍼治療がベストという結果となり、膝に長い針を何本か打つことになったのである。

その夜、ホテルの七階の広間で我々の歓迎パーティが行われた。主な顔ぶれは、呉暁達、宋中、中華全国体育総会副主席李夢華、北京体育学院負責人魯挺、中日友好協会副秘書長王暁雲、備忘録弁事処代表趙自瑞氏らと中日友好協会、中国乒乓球協会役員と卓球選手たちで賑々しい会であった。

私にとっては一九六二年からの日中交歓大会に参加していたおなじみの顔ぶればかりなので、二時間にわたる歓迎会もたちまちのうちに過ぎてしまっていた。とはいえ、やはり一行四人は明日からの会議について、どのように進展していくのか、という不安はあった。

いきなり行き詰まった日中会談

一月二十七日は春節、つまり中国の元旦、この年は近年にないすばらしい晴天だったという。九時四十五分に両国代表者による会議が開始された。日本の後藤会長は、中国代表団の名古屋世界への参加要請、国際卓球連盟からの勧告（アジア卓連からの台湾除名）に従って行動をおこすこと、そしてこの交流をもとに日中国交正常化への懸け橋になれば幸いであるという話をされた。

これに対し中国の宗中先生からは、日本側一行の歓迎、両者の会談紀要の発表などについて提案がなされた。このようにして最近の国際情勢の話を交えながら十一時四十分頃友好的に会談は終了した。

午後は後藤会長の膝の治療のため反帝病院へ行ったが、比較的長時間費やした。夕食後は中国バレー「紅色娘子軍」を観劇した。村岡情報によれば、中国側の紀要原案に「台湾」という表現を入れた厳しい内容と聞かされ、心配もし、少々悩んだ。

翌二十八日も十時から村岡、森と中国側代表による紀要の作業が進められた。後藤会長は休息としたが、日本の報道関係者からの電話対応で忙しかったらしい。

我々の仕事ははかどらない。後藤会長は台湾という文字を入れたくないのに対し、中国側の案には二か所に出てくる。当時の中国の政治的背景からすれば、文化大革命の勝利を称える時だっただけに中日友好協会側も強気に出なければならなかったのだろう。私は後藤会長に代わって粘った。調整は成立しないまま進む。村岡さんも趙自瑞さん（備忘録弁事処）からの招待などが入り、中断したりした。

夜は後藤会長、秘書の小田さんと三人だけの食事となり、村岡さんを肴にして酒を飲んだ。「もう帰るか」という後藤さんのジョークすらでた。私は後藤会長の代弁もしなければならないが、村岡さんとも一九六二年以来の中国交流の仲間でもあり、彼の苦労もわかっているだけに複雑な気持ちだった。

翌二十九日の会議が始まる前に内部調整の話し合いを持った。後藤会長は強気の姿勢を示しながらも小田さんの力添えもあって、やや妥協的な方向を出し始めた。これも中国側の献身的な待遇によるもので、四人の顔にほころびが感じられるようになった。後藤会長は鍼治療へ、中国側の幹部も一部欠員のまま会議は続けられた。

今朝のこともあって気楽な感じで雑談を交えて話し合いを進めたが、それでも台湾の文字ははずす方がベターと考え、私から屁理屈を申し出た。さながら、「政治三原則を認める」ということは台湾を認めぬことだ。また「国際卓連の勧告」通りアジア卓連を整頓するということも台湾を除外するということであれば、台湾ということをわざわざ表現しなくともいいのではないかと。それなら入れても同じであり、要は屁理屈なのである。その後も話を続けた。

「この紀要が進展して後藤会長が日本に帰ってもし辞任でもしたら、元も子もなくなるのではないか。場合によってはアジアの総会が終了するまで私は北京へ残ってもいい」と村岡さんに申し出た。すぐに村岡さんが「森さん、このことを中国側―首脳部―へ伝えたいが……」と鋭く反応してきた。少し調子にのりすぎたきらいはあったが、すぐさま周斌さんと一緒に作業している人たちにその旨の話をした。

午後三時にハプニングが起こる。宋中先生から後藤会長の部屋へ電話でお伺いしたいという連絡があった。後藤会長の躊躇気味の応対に、先方から日本側の提案通りするということだったという。こうなれば話は早い。四時十分より会議が再開され五時二十五分には無事終了となった。このようにして後藤会長の率直な意思表示が、相手側中国に全面的に取り入れられ「台湾」という文字は会談紀要から消える運命となった。

周恩来総理からの助け舟

いろいろな経緯はあったが、会談紀要の話は一応日本側の意向に沿う形で話がついた。一月二十九日の夕方になって、今晩、人民大会堂で周恩来総理との接見の場が用意されるという電話連絡があった。夜九時にあらためて連絡を受け、早速ホテルを出て人民大会堂へ向かう。

まず会談の部屋に入る前に入口で記念写真の用意がされており、周恩来総理と後藤会長を中心に撮影が行われた。

大きな部屋にコの字型に椅子が設定されており、各々の指定の椅子についた。

周恩来総理から歓迎の挨拶に始まり、後藤会長からはご招待のお礼。続いていろいろの話し合いへ進む。確か会談紀要についての直接な話はなかったと思う。

ただ、アジア卓球連盟関連についての話題は、周恩来総理も後藤会長も希望的意見や対策を含めて率直かつ具体的によくしゃべった。総理は卓球に関する国際情勢や技術面の知識も豊富で、専門用語を使いこなすのには驚いた。なお、今後の日中交流についてジュニア交流をとりあげたいという後藤会長の提案には、ことのほか関心が強く、周恩来総理からは大賛成の意思表示があった。

次いで総理の日本留学（早大）についても私からお聞きしたが、具体的な記憶は少なく、むしろ京都や琵琶湖の思い出話などをされた。郭沫若先生の通訳を通しての会話も、いつの間にか日本語でお話されたりして、大変くつろいだ雰囲気のなかで話し合いが進められた。

予定を延長しての会談だったが、その一時間半ほどは楽しく、あっという間に終わった。ホテルに戻ったのは午前一時頃だった。

翌三十日午前は後藤会長の病院、午後は首都体育館での卓球選手の練習見学が用意されていた。実は昨晩の接見の際、総理から「日本の監督が来ているのだから練習を見てもらったら」という話があったから急遽用意されたという。（その時はまだ日本の女子監督だった）私の見る範囲では、文革の練習不足からはいち早く脱却できているようだった。そして選手たちの眼は真剣そのものであった。

翌三十一日の午前、病院と友誼商店へ。午後は綿の入った外套を借りて頤和園見学、氷ついた昆明湖はスケートで遊ぶ子供たちでいっぱいだった。

いよいよ二月一日四時から、村岡さんの成文化のご苦労もあって北京飯店の七階ホールで会談紀要*の調印式が行われた。厳粛と緊張のなかに順序よく粛々と進められた。中国卓球協会**、日本卓球協会***、中国人民対外友好協会****、日中文化交流協会の代表者による署名も無事終わり、成功を記念して乾杯が行われた。この三日間、日本からの報道関係者の取材活動も活発であった。また、シンガポールでの臨時総会の準備で後藤会長は忙しい毎日であった。

さて、中国政府とりわけ周恩来総理と中国卓球協会との交渉について、『米中外交秘録』（銭江著　東方書店発行）では次のような内容で文章化されているので紹介しておこう。

一月二十九日午後零時五十分、宋中さんを含めた外交部の韓念竜、劉春、呉暁達らが中南海の西花庁会議室で周総理と会談した。そこでの総理の発言だ。

* 資料1（66ページ）参照

** 正式名は中華人民共和国卓球協会。宋中が責任者。

*** 一九三一年「日本卓球会」として発足。一九三七年に「日本卓球協会」と改称。現在は公益財団法人日本卓球協会。

**** 中国国務院に直属する官庁の一つ。各省と各市に分会があり、そのなかに中日友好協会がある。日本を含むすべての外国民間団体交流の窓口となっている。

『実質を見るべきだ。形式的論争はやめたまえ。会談の相手は日本卓球協会の会長ではないか。この二月に来ることになっている藤山愛一郎元外相は、日中国交回復促進議員連盟の会長だから、当然、われわれは台湾問題を前面に押し出さなければならない。しかし、後藤先生にはその必要はない。彼に難題を吹っかけるな。中日関係政治三原則は日本側の原案通り第二条でよろしい』『……後藤鉀二先生は既に中日関係政治三原則を書き込んでおり、アジア卓連の整頓問題を提起し、台湾は全中国を代表するものではない、と言っている。それで十分ではないか』

これで、会談の行き詰まりが解消することは明らかだった」

この本が発行されたのは一九八八年。それまで私は知らず、実際のところびっくりした。周総理と私の意見が一致している。私が中国に残る話がその日の午前中だったので宋中さんには通じているはずだが、その話はこの『米中外交秘録』には出てこない。

北京から香港へ

在北京の予定も一日を残すのみとなった二月一日の晩は、盛大にさよならパーティを催してくれた。周恩来総理、郭沫若先生の出席はなかったものの、調印式のメンバーで宋中先生をはじめとして、呉暁達、曹誠、趙正洪、王国権、王暁雲、李福徳、鄙伯賢、金恕、魏紀中、顔万栄、周斌、李倹光先生らと荘則棟、徐寅生、邸鐘恵、林慧卿の卓球人も加わって私たち一行の労をねぎらってくれた。

二月二日は久しぶりにゆっくり休養、翌日早朝出発のため準備にあてた。翌三日はホテルを六時十五分に出発して北京空港に向かう。早朝にもかかわらず、宋中、呉暁達、王暁雲、郷伯賢、荘則棟、徐寅生、邱鐘恵の中国の皆さんと、北京在住の朝日、日経、西日本の記者など、多数の人たちの見送りを受けて八時四十五分離陸した。搭乗機は一路広東空港へ向かう。朝早かったことと疲れもあり一行はぐっすり。十一時四十五分に広東空港に着いたのだが、あっという間の機上経過だった。広東でも広東対外友好協会や卓球協会の関係者の手厚い出迎えを受け迎賓館に入る。例によって夜は革命委員会*のメンバーを加えての夕食会に招かれた。

二月四日。朝六時の目覚まし時計で起床、七時四十分発広州駅発の列車で深圳に向かう。車中、中国卓球協会から託された名古屋世界のメンバーと予定表を胸にして、私から後藤会長に女子監督辞退、中国選手団担当を申し出て了承された。そして、十時頃到着。駅の二階の奥まった所にある食堂で早い昼食。十一時過ぎに出国手続きを済ませ、国境の線路を渡り香港側の羅湖に入る。中国旅行者（香港）の李豪哲さんの出迎えを受けて九龍行きの列車に乗ったが、次の駅の上水で読売、毎日の記者が待ちかまえていて、歓迎、取材を受けた。そして、九龍駅へ着く一つ前の駅で急に下車の指示が出た。後藤会長と李豪哲さんは乗用車へ、私たち三人はマイクロバスで金門飯店へ向かった。

後で聞いた情報では、北京の会談紀要などのニュースが香港にすでに伝わっており、右翼系のいやがらせや危険な目に合わないよう細心の注意を払えと中国本国から指示が出ていたということであった。九龍の前に下車した意味も、その筋の人たちがわれわれを遠巻きに警備をしていることにもうすうす気付いていたので納得できた。

次いでホテルの七階で行われた記者会見も、特別の許可を得たらしい新聞記者だけで行うことになっていた。また、引き続いて村岡、小田、森の三人はシンガポール行きのビザ取得のため、香港の日本領事館へ出かけたが、ホテルの周辺に新聞記者らしい数人がうろうろしていた。

＊文化大革命のなかで生まれた中国の新しい権力機構。

そういう合間を縫って、読売、共同、ＮＨＫの記者と一緒に日本料理店「金田中」で夕食をとる。しばらくぶりに食べた日本料理のおいしかったことと値段が少々高かったことを覚えている（一人約一万円）。

また、こんな危険なこともあった。村岡、小田、私の三人で後藤先生をホテルに残して一杯飲みに出かけた。その時、一寸ばかりトッポイ兄さんに因縁をつけられ、お巡りさんに助けを求めたが、そのお巡りさんが敵の味方。三人はばらばらでホテルに駆け込んだというハプニングがあった。考えてみるとホテルの辺りにいた右翼系記者だったのか、いずれにしてもシンガポール行きの前に警察問題にでもなったら大変なことだったと、三人とも青ざめた顔で見つめあった。

二月四日、午前中は休養。午後は中国旅行社の斡旋によりマイクロバスで香港見物に出かけた。そして五時には後藤会長と一緒に皆で四十栄、宮本理事両氏を迎えに空港に行く。シンガポールのアジア卓球連盟*（アジア卓連）総会へ出席するスタッフである。

夜はこの二名を加え我が方六名、香港卓協側会長以下七名、中国旅行者を加えての夕食会となる。香港側は臨時総会の話を聞き出したかったようだったが、後藤会長は終始「ＩＴＴＦの方針でいく」ことを明言していた。

＊台湾が参加しているアジアの卓球団体。日本は一九七一年十二月に脱退することになる。

香港からシンガポールへ

後藤会長、村岡、森、小田の北京グループと香港で一緒になった宮本、四十栄の六名は二月六日の朝、シンガポールに向かって出発した。予めタンタクワ氏（アジア卓球連盟専務理事）

を通じて準備されたア卓連臨時総会へ出席するためである。その議題は「ＩＴＴＦからの勧告に伴う台湾除名に関する件」で、日本から提案されたものである。各大陸連盟はＩＴＴＦの加盟国（地域）によって組織されなければならないという規定にアジア卓連は違反しているので、整理整頓するようにという勧告を会長国として受けていたのである。全く迷いがなかったわけではないが、名古屋世界を行う立場上、ＩＴＴＦの勧告通りに台湾除名を提案することにしたわけである。

国内情勢からもアジアの情勢からも、台湾除外にはかなり抵抗があった時代で、後藤会長も一時は名古屋世界の返上も考えたという。その一方、世界各国の日本開催の要望も強く、かねてから名古屋世界の実現が夢だった会長は開催の方向で決断したのである。

また、日卓協内部の強化本部で起こった監督辞任問題も含め、諸問題を乗り切るためには、文化大革命で世界大会から遠ざかっていた卓球王国中国の参加を実現させることが戦略上いい手であることに気付き、訪中までして努力したのである。

シンガポールに着いた後藤会長はタンタクワ氏と打ち合わせを行ったが、彼の提案と希望通り、七日の理事会の中止や観光などすべて快くＯＫした。後藤会長自身北京を出るときから辞意について固く決心をしていた表れであろう。小観光では会長と北京の四人組のマイクロバスが途中でパンクしたため、約一時間、市外の道路で待ちぼうけとなった。このときは会長も「計られたか」などと言っていたが、この間台湾を中心としたスタッフによるミーティングが行われていたという。しかし、総会当日でもあり、私も若干あせりを感じるというハプニングでもあった。

アジア卓連臨時総会開会

宿舎でもあるキングスホテルで午後三時から臨時総会が開催された。後藤会長の挨拶もそこそこに、韓国（金昌源）、台湾、マレーシアなどの代表から臨時総会に対する緊急質問などが連続して出されたが、会長は冷静に対応。特に総会直前の訪中の質問には、この総会と日中関係のことは何ら関係のないことを強調した。しかし、総会の雰囲気は日本への攻撃が強まってきた。通訳の時間を含めて一時間半くらいは過ぎた。後藤会長は辞任問題に触れ、「会長を受けたことは今考えると少し甘かったように思う。ＩＴＴＦの勧告をうまくさばくことができないと判断し、辞任いたします。長い間サポートしていただいたことに心から感謝いたします。ありがとうございました」と切り出した。なお、四十栄、宮本諮問委員は残すことを付け加え、会長は予め用意していた辞任届を出して退席、私ども三人も共にした。

その後のことはよくわからないが、日本提案の台湾除名案に賛成は日本、棄権はシンガポール。反対は韓国、台湾、フィリピン、タイ、南ベトナム、マレーシア、インドネシア、カンボジア、レバノン、イランで、否決された。また、会長代理には、ジン・バン・ゴク氏（南ベトナム）。そして次回のＩＴＴＦ総会には台湾を加盟させる提案をする旨決議をしたということで終わっている。一方、ＩＴＴＦのエバンス会長は、アジア卓連総会の結果に対し、いち早く台湾加盟は認めない旨の意思表示をしている。

我々の身辺にもいろいろ不安に通じることが多く、身の安全の備えに苦労した。右翼、台湾派報道担当の人たちへの対応である。部屋にも押しかけてくる。我々三人は後藤会長の部屋に入って一緒にドア番を務めた。中日新聞の現地記者の人に頼んでこっそり小さなホテルへ移動し、ほっとしたときの印象は、今でも強い思い出の一つとなっている。

二月九日、カンタス航空で帰国

実は在シンガポールの記録やメモは少ない。身辺警護が忙しかったので仕方がなかったのかもしれない。ただ、この総会の報道は各紙とも取り上げており、それと私の記憶が頼りである。例えば帰国便も予定通りだったのか、早めて帰国したのか定かでない。後藤会長にしてみれば、中国の参加を取り付ける一方、ア卓連会長辞任は予定の行動でまとめてほっと一息というところだったろう。しかし自己防衛ぶりは誠に慎重でホテルを一歩も出ることなく、翌早朝四人だけでひっそりホテルを出て空港へ向かう。

ところが、羽田空港に着いてびっくりした。羽田空港の職員、カンタス航空の関係者や警備の人たちが黒塗りの車で飛行機のタラップの下まで出迎え、入国の一切の手続きもなしで特別ルームに案内されたのである。そこには西園寺公一さんや日中文化交流協会の白土さん、名電の安藤朗一さんや卓球協会の多くの役員が待機していて四名を歓迎してくれた。昔の中国の空港システムならいざ知らず、入国の諸手続きが厳格な日本の羽田空港で、フリーパスの厚遇を受けたのである。その意味はよくわからなかったが、このいきさつが一九七一年二月十日付朝日新聞のコラム欄「ハーフ・タイム」に出ているのでそのままを紹介することにする。

「後藤鉀二日卓協会長の帰国で、九日午後の羽田空港は緊張した空気。ロビーの出入口を制服の機動隊員が固め、私服警官があちこちで歓迎の人波に鋭く目をくばる。一般の出迎え客もこのモノモノしい警戒ぶりに〝異状〟を感じてか日頃のなごやかさがなく硬い表情をみせていた。

後藤会長が親中国の姿勢を示し、アジア卓連から台湾除名を主張したことから右翼団体が騒ぐのではないかとのうわさで警視庁がこの厳重な警備態勢をとったものだが。ついに最後までそれらしい人は姿を見せなかった。

結局警備陣はうわさに振りまわされた格好になったが警官の一人は『なにもないことがいいことです。結構なことでした』となにもなかったことをしきりに喜んでいた」——と書かれていた。

当時の日本の政情は第三次佐藤内閣時代。岸信介、佐藤栄作と親台湾派中心の時代。しかし藤山愛一郎らの親中国派も徐々に力をつけ、七月には日中国交正常化の田中内閣が成立する移行期でもあった。それだけに台湾・中国問題は微妙な時期であった。従って我々への警備も新聞の情報通り警視庁の右翼情報なのか日中文化交流協会サイドが働きかけたのか、いずれにしても政府のＶＩＰでもない我々にあのような警備態勢をとってくれたことは感謝感激そのものである。

引き続き行われた記者会見ではいろいろ質問が出て時間をとったが、後藤会長は会談紀要について「台湾」の文字をはずすことがギリギリの線で政治三原則は認めざるを得なかったとし、台湾除名についてはＩＴＴＦの勧告であることを説明、名古屋世界は中国の参加もあって最高の大会にしてみせるという自信の決意表明で終わった。その表情にはシンガポールでの不安さは全く消え失せ、晴れ晴れとしたにこやかさに溢れている感じだった。

これでＩＴＴＦからの勧告を処理でき、文革などによって不参加が続いた世界最強の中国を参加させ、華僑総会などと連携して入場券販売の目途もたつ。名古屋世界のお膳立ては一通りできたということになる。また強化の面も何とか新体制で動きだし、十二月の強化本部騒動もかげに隠れていったのである。しかし、なおも激しく迫る政府筋とのやりとりには後藤会長も私も軽く考えていたというより考えもつかなかったこともあった。

まず帰国してわかったことであるが、人民大会堂での周恩来総理との記念写真入り政治面トップの新聞報道に対して、社会党は歓迎のコメント、自民党は批判表明（スポーツに政治をもちこむ、台湾除名）をしている。当時体協の会長は石井光次郎氏（自民党）で今後の成り行きが注目されることになる。

名古屋世界開幕の前哨戦

中国、シンガポールからの帰国早々から、後藤会長も私どもも報道関係の取材をはじめとして、日中文化交流協会を通じての中国卓球協会との連絡や入国にからむ法務省など政府関係との接触、日体協との応対、その他日中友好団体との交流中には全くありがたくない右翼団体との対応などで忙しい毎日となっていった。

一九七一年二月二十一日開催の日卓協理事会では、一連の訪中、アジア卓連総会の経過報告が承認されるとともに、「日中交流部」が新設され、後藤本部長、森副部長でスタートすることとなった。日卓協事務局が東京、後藤会長は名古屋在住という関係上、その連携の仕事を含めて私の仕事量は次第に多くなっていった。

まず中国選手団の入国は一九六二年来の三回にわたる交歓大会の経験を生かし、法務省、外務省、警視庁などはほぼ順調。ただ名古屋に関しては、後藤会長がすべて処置してくれたので大変助かった。しかし大会後の各地での交歓大会再開についての交通、宿舎、大会運営は初めて行う都市日中大会だっただけに準備連絡は多岐にわたり、苦労も多かった。

また、日体協関係には気を遣った。最初日体協側は後藤会長との会談を要望したが、会長は名古屋在住と多忙を理由に拒否、代わって担当の森副部長が担当するからと日体協に連絡した旨、名古屋から連絡があった。オリンピック種目に入っていない卓球（当時）の協会は、どちらかといえば日体協とは疎遠だった。

その上、お会いする人は日体協を代表する大物ばかりで緊張した。田畑政治、柴田勝治、平沢和重の三氏である。柴田さんとは日体協の若手と二人で、あとは単独会談となった。共通していたのは中国での会議の状況を聞かせてほしいということと〝あなたを責めているのではない〟という言葉が最初にあったことである。

内容はすでに述べてきた後藤会長の記者会見の話と同じ、①政治三原則を認めざるを得なかった経緯　②台湾という文字を削除した流れ　③ＩＴＴＦからの台湾除名勧告（アジア卓連から）　④名古屋世界選手権大会の開催はＩＴＴＦが主催団体であること　⑤一九六二年からすでに日中交歓大会が隔年行われてきたこと――などを説明した。

当時、中国側はＩＯＣを脱退しているので、オリンピック種目の各競技団体にしてみれば中国との交流はできなかったわけである。卓球に関していえば、オリンピック種目に入っていないし、逆に国際卓球連盟（ＩＴＴＦ）には中国が加盟、台湾は加盟していないというＩＯＣとはねじれ現象にあったわけである。

さらに私個人の意見として（スポーツと政治は別とは考えていないが）スポーツと政治は別という一般通用説を大変有効に利用させてもらったし、隣近所のアジアとは仲良くすべきなどともつけ加えておいた。結果的には筋道の通った話ができたと自負している。

特にＮＨＫの解説委員をしていた平沢さんからは、むしろ私自身がスポーツ外交、世界情勢にかかわる勉強をさせていただいた面もあり楽しく、有意義なひと時であったことが思い出となっている。後藤会長にも細かく報告したが、うなずいてくれはしたが、良くやったとかいうおほめの言葉はなかった。

本番も迫り、二月と三月は名古屋世界にどっぷりの生活となった。東京と名古屋とを頻繁に行き来した。名古屋の名電高校のそばにある学校の寮に泊まることもしばしばあった。四十栄事務局長と一緒だったりした。また名電高校体育館の事務所では安藤先生、野田先生、安藤監督ほかの皆さんに親切にしていただいた思い出がたくさんある。

大会を前にしての二か月、関係者のすべてが次第に忙しさが増してきた。

中国卓球代表団先発隊の来日

名古屋世界も迫り、日卓協と中国卓協との交信が日中文化交流協会や大使館に相当する備忘録弁事処との間で頻繁となる。また私が出向くことも増えていった。しかし、入国に関しての法務省、外務省との手続きは日卓協の仕事で、事務局の尾崎君とその任に当たった。国交のない国でしかも六十名を超える大勢の入国であるためけっこう難儀な仕事であった。だが、尾崎君の役所との愛想のいい対応に助けられ、一九六二年以来の三回にわたる日中交歓卓球大会での経験を生かし順調に進めることができた。早稲田での教え子が法務省にいたり、日中交歓時代にお会いした担当者もいたりしたことは大変ラッキーなめぐり合わせでもあった。

そして、いよいよ代表団の先発隊四名（濬志剛副秘書長、記者の蘇中義、通訳の周斌、コーチの梁有能各氏）が三月十四日午後七時、ルフトハンザ航空機で羽田に到着した。先発隊なのに大変賑やかな出迎えで四十栄、荻村、森らの卓球人と日中文化交流協会のお偉方など、西園寺公一、河原崎長十郎、白石凡、清水正夫氏ら。そのほか華僑総会、国貿促、さらに国会議員の川崎秀二、黒田壽男両氏らがいた。華僑、友好団体による五星紅旗やアコーデオンによる音楽、歌の歓迎には少々びっくりした。聞くところによると、関東地区だけでなく名古屋や関西地区からも駆けつけた人たちだったらしい。待合室で簡単な挨拶をして日中文化交流協会の白土、村岡と四十栄、森で備忘録弁事処へ向かう。

一同は一緒に食事をご馳走になって初歩的な打ち合わせ会を行った。引き続いて行われる日中交歓のスケジュールや組み合わせ問題などだったが、それらは明日以降あるいは本隊が来てからということにして、翌日の名古屋行き新幹線の時間を後藤会長の希望通り一時二十分と決めて十時三十分頃帰途につく。

翌十五日は打ち合わせ通り出発する。名古屋駅での歓迎も大勢で、それに警備陣も数多く配置され通路や出入り口の制限など大変な混雑ぶり、その中をくぐり抜けるようにして藤久ホテルに入った。あとは愛知県卓協と中国担当事務局の日中文交の人たちにお願いして、私は在京関連事業のため帰京した。

引き続いて二十一日午後には、カンタス空港で六十数名の代表団（趙正洪団長）役員、選手、記者が羽田に到着した。地味な灰色の制服でやや緊張気味の様子だったが、先発隊同様大勢のファンの歓迎にあう。選手はサイン攻めにもあった。

趙団長の空港でのコメントは、まず日卓協と関係諸国へのお礼の挨拶に始まり、加えて「……試合の勝ち負けというより友好を深めることが第一であって、私たちは今回の訪問と試合を通じて、中国両国の選手と人民の間の友好関係および各国人民の間の友情を深めるために寄与したい……中国両国人民の友情は今や大勢のおもむくところ人心の向かうところになっています。……日本の各界の友好人士が日中友好を促進するために払われた数々の努力を高く評価し、感謝の意を表すとともに、これまでと変わりなく断固として日本人民の反米愛国の正義の闘争を支持するものであります……。

最後に中国両国人民の友情万歳」というものであった。

私は中国の団長付き・団付きという役目上、趙団長の日本での最初の挨拶だっただけに大変関心があった。内容的特徴としては、お礼のご挨拶のほかは一つは友好第一、競技第二のアピールである。どちらかといえば競技第一、友好第二のかつての中国にはなかった新しい感覚である。もう一つは断固として反米愛国の正義の闘争を支持するという従来同様の政治的発言である。文化大革命後の中国の変化に興味があったが、文革以前の硬さとその後の軟らかさが一緒になったような感じがした。

中国代表団名古屋入り

三月二十一日、羽田に着いた中国代表団の本隊（六十名）は、ニューオータニに二泊。着いた日の翌日は日中文化交流協会創立15周年記念レセプションに、その翌日はバレエ〝白毛女〟鑑賞、そして二十四日には新幹線で名古屋入りした。名古屋駅では、厳重すぎるほどの警備のなか、後藤会長を先頭に役員、報道関係者の出迎えを受け、ホテルに直行した。愛知県警などの絶大な協力もあって、後藤会長かねてからの念願でもあった、北京で受けた歓迎態勢と同じ白バイ、パトカー先導で団長車を誘導した。出発にあたって後藤会長が声をかけてくれたが、〝オレはヤルコトはヤッタゾ〟という得意満面の笑顔が今でも忘れられない。

世界卓球の選手宿舎は、地域性や宗教上のことなどを配慮した上でいくつかのホテルに分散したが、中国は藤久ホテルに一か国だけの割り当てだった。二階には広めの団用の事務所も用意され、日中文化交流協会のスタッフ（村岡、滝沢、中野、八木）と私の仕事場であったし宿泊のホテルでもあった。後藤会長が指名したホテルだけあって大変よく行き届いた接待ぶりで、当時常務取締役であった荒井弘晃さんの献身的な応対には頭が下がる思いであった。

また、組織委員会派遣の中国担当スタッフも優秀なメンバー構成、文交スタッフの中国に慣れた仕事ぶりに私は少々浮いてしまっていた。団長と一緒に通訳付きで行動したが、仕事はあまり多くない。ただし、当初は報道関係と中国側の窓口を担当したので、中国代表団を待ち望んでいた記者からは「もっと早くしろ」「あの件はどうなったか」と怒られ、時にはカメラの機材でこづかれたりもした。しかし、この状態も少しずつ解決していった。一つは中国側の記者の人たちが比較的オープンで日本語ができること、日本側の記者も元中国や香港駐在で中国語ができること、なかには顔見知りだったりして取材も徐々に自由にできるようになっていったからである。記者会見の申し入れを宋中さんにしたところ、特別室で教室スタイルの机、椅子のセッティングをし始めたのには少々慌てた。

いずれにしても私の仕事は減り、もう一つの役職、報道副委員長の会に出席することができるようになった。中国担当が主で名前だけの副委員長のはずだったが、早川委員長、長坂副委員長と一緒にお手伝いもできた。時には名古屋の役員と中心街へ一杯飲みに出掛けることもあった。

しかし、訪中四人組の後藤会長、小田さんはＩＴＴＦ関係の接遇でてんてこ舞い、村岡さんも華僑、政界、財界関連の仕事で大忙しであったらしい。

一方、選手の方は大会目前にして必死の練習である。ただ練習場の雰囲気は昔（一九六〇年代）と違ってオープンになっていた。例えば他の国の選手とも打ち合いをしたり、片言の英語やゼスチュアで話し合いをしたりするシーンが見かけられるようになった。スローガンの友好第一を意識的に心がけているようであったし、技術的にもすっかり復調しているようであった。

こういうなかで各社の取材合戦は激しく続いた。しかし、卓球よりむしろ政治すなわち文化大革命関連に関心が高かったようである。国際的にも大事件だっただけに当然のことであろうが、だいたい何があって、今はどうなっているかということであろう。あとでわかった話であるが、藤久ホテルにも長期滞在の客といって、報道関係者が選手団のフロアの上の階にいたそうである。名古屋世界の前後含めて長期間の契約のようであった。

当時、国内的には台湾擁護派の動きも活発であった。一方、日中友好と国交正常化の動きもあり、またスポーツ（卓球）は政治と別などという複雑な状況のなかで、名古屋世界は成功に向けて進んでいくのである。大会の準備も整い、愛知県体育館はいよいよ第31回世界卓球選手権大会の開会式を待つばかりとなった。

第31回名古屋世界開幕

五十五の国と地域の参加による名古屋世界の開会式は、一九七一年三月二十八日、大会会場でもある愛知県体育館で午後五時三十分より行われた。日本では通常見ない例であるが、当日はすでに午前九時から男女団体戦の一次リーグが行われている。いうならば試合中に組み込まれた開会式である。地元日本選手団の入場行進への大きな拍手と歓声はもちろんであるが、中国選手団にも大きな盛り上がりをみせた。

文革以前すでに行われていた日中交歓大会でおなじみの選手もおり、文革後の中国に大きな関心があったこともあろう。

世界最強だった中国の堂々の入場である。「ＣＨＩＮＡ」のプラカードの後に王志良女子監督を先頭に女子、男子チームと続き、腕を左右に振る中国独特の行進に在日華僑らの大きな歓迎を受けた。さらには他の競技ではあまり見られないだろう、分裂国家の東西ドイツと南北朝鮮の選手団がそれぞれ続いての入場行進する場面もあった。韓国、朝鮮の選手団にも在日同胞の人たちから一際高い拍手や小旗の歓迎があった。

スマートな挨拶のエバンスＩＴＴＦ会長、やや緊張気味の後藤鉀二会長の挨拶などがあった開会式は無事終わった。

試合のスケジュールは、三月二十八日、二十九日の男女団体一次リーグ、三十日、三十一日は二次リーグと順位決定戦。四月一日は決勝戦。二日のフリーデイ（休み）をはさんで個人戦に入る。そして五日は混合ダブルス、六日は男女ダブルス、七日は男女シングルスの決勝ということであった。

大会事務局の発表では役員選手、観客総入場者数は七千から八千で、当日入場券は連日売り切れという状況だったという。

団体戦は日本と中国がよく頑張った。決勝は男女とも日中で争い、男子は中国、女子は日本の優勝に終わった。しかし男子二次リーグは激戦。日本対ユーゴ戦は１対４から逆転勝ち、中国も対スウェーデン、対ハンガリー戦ともに5対4の大接戦。やっとの勝利で決勝進出となった。決勝は5対2で中国が日本にやや圧勝の形だった。メンバーは長谷川信彦、伊藤繁雄、河野満対荘則棟、李景光、梁戈亮。女子は韓国有利といわれた対日本戦。李エリサが小和田敏子、大関行江に敗れて2対3で日本の勝利。さらに勢いづいて中国戦、中国トップの鄭敏之に小和田がドライブで打ち勝った。2番大関も林慧卿のカットにツッツキで粘り、思い切りのいい強打でセットオール23対21で勝って有利に立つ。ダブルスは落としたが4番で林に小和田が勝ち、この優勝が名古屋世界での唯一の金メダルとなった。

個人戦に入ってすぐトラブルが発生した。荘則棟、林美群の対カンボジアとの対戦拒否、棄権をしたのである。実は大会前に中国側から申し入れがあった。しかし、組合せはＩＴＴＦはもちろん、いくつかの大使館筋の立ち合いのもとに行い公表されたもので、変更は難しい。私も腹案を作成し、技術委員会とも接触したが無理な注文で却下されていた。最後は中国も理解してくれて出場するだろうと思っていたが、文書で対戦拒否の声明発表。大会本部では時間に出場しなかったという棄権扱いにして処理する結果となった。書類処理にされ、あまり大きな問題にならないで終わったことが、私にとってせめてもの幸いであった。ちなみにＩＴＴＦの総会では、中国が提案したカンボジア選手に資格なしという提案は否決されている。

あとで得た情報（『米中外交秘録』など）では、この決定は周恩来総理の意向だったとか。北京にいるカンボジアのシアヌーク殿下からの申し入れがあったらしく、そしてさらには朝鮮とも事前接触があったらしい。

やはり中国のスポーツは、当時は当然政治優先であったのである。これで荘則棟の復活チャンピオンは消えた。

アメリカ卓球選手団の訪中成るか

荘則棟と林美群選手のカンボジア選手との対戦拒否、棄権について、団体戦と個人戦の間の休日、すなわち役員、選手の観光日（伊勢湾めぐり）に、王暁雲副団長、宋中秘書長が観光先で発表している。これは『米中外交秘録』に紹介されている。私自身はその観光に参加していなかった。

この観光に中国選手団では林慧卿選手も参加しなかった。日本との決勝戦の負けが大きなショックだったのだろう。観光の当日の朝も眼を赤くしていたのが印象的だった。おそらく一睡もせずに朝を迎えたような容貌だった。友好第一、競技第二のスローガンであったとはいえ、女子のエース、主将の立場から、そして男子が優勝していることなどからすれば、彼女の悔しかった心境は察するに余りあるものがある。同情もした。そしてこの執着心、執念が見事シングルスとダブルスの優勝へ結びついていったのであろう。

私も女子決勝戦は複雑な気持ちだった。この年一月に後藤会長と同行した訪中時までは日本の女子チームの監督であり、第一回の合宿も一緒にしたが、中国参加決定とともに中国担当となり、女子監督はその時コーチだった田中拓君に引継ぎをしたという経緯があった。役割上、中国に勝ってほしいが、やはり日本人、日本女子の勝利を願っていた。いつの間にか中国のベンチを離れ、日本の応援席の方にいた。

前半はすべて順調、報道にも助けられて盛況裡のうちに後半へ。中国側事務局も厳しすぎる警備体制のなかで、各分野との接触、報道、華僑、中国サイドの他に引き続いて行われる日中大会の準備打ち合わせなどで忙しい毎日となっていった。

一方、報道も世界選手権大会だけに当然ながら競技の結果や技術に関するものを主体としながらも、世界間の交流や生活環境や慣習なども取り上げられ、多角的に紙面を賑わした。こういうなかで共通して大きく写真入りでとりあげられた話題は、アメリカのコーワン選手と荘則棟選手のプレゼント交換の場面であった。前日コーワン選手があわてて乗ったバスが中国選手のバス。そこで荘則棟選手から渡されたプレゼント（杭州製の刺繍）に、翌日お返しのシャツを渡すところのバスの前での写真である。当時の米中関係は対立が激しかっただけに、報道関係にとっては格好の材料となったものである。

また、アメリカのハリソン副団長の話によれば、中国の役員とも総会などで接触する機会があり、通常の挨拶を交わすことはもちろん、カナダやイギリスのチームが訪中する話や、機会があれば是非どうぞという程度の社交辞令的な会話はあったようだ。しかし、かといって強い要望がお互いに出たわけでもなかったという。

このような経緯のなかで中国側はアメリカを招待しようという準備段階に入り、本国の政府担当との話し合いや交渉に入っていくことになったのである。

漏れ聞くところによると、中国代表団にも中国の政府側にも賛否両論、時期尚早論などいろいろの意見があったらしく、結局周恩来、毛沢東レベルの国家の最高決議機関で決定することになったようである。しかし、この返事もなかなか来ない。アメリカチームの帰国予定日四月八日も近づいていた。その前日四月七日は男女シングルスの決勝の日、中国チームが招待するガーデンパーティの日でもあった。十時に藤久ホテルで王暁雲氏の歓迎の挨拶があり、その直後、北京からの電話が入る。「アメリカチーム招待に同意する」。まさにピンポン外交が始まろうとする時であった。

中国とアメリカ卓球選手団との折衝

アメリカ卓球選手団の中国招待ＯＫの連絡を受けた中国代表団は滅茶苦茶に忙しく、そして大変厄介な事態を迎えることになった。

帰国予定を明日にしてのアメリカ側との折衝と合意を今日中に何とかしなければならない。中国政府サイドからの指示であるからには、何としても成功させなければならないのだ。時間が少ないというより、無いに等しい。そこでまず宋中先生と王家棟さん（一級の英語の通訳）のペアは、大急ぎでアメリカ選手団を探すことになるが、どこにいるかわからない。さらに、これから一日半でアメリカ選手団との話し合いが合意でき、大使館筋との接触も終わらせることができるだろうか？　また、新たな要望などが出された場合、中国側は本国政府サイドとの折衝も必要になってくるとすれば、私はこの合意は難しいのではないかと思った。

ところが、私の予感は全くはずれた。それには、いくつかの大変ラッキーな運命が味方したようである。

まず、タクシーでかけつけた宋中、王家棟組は、ホテルの玄関で偶然ハリソンアメリカ副団長と出会い、早速招待の話を伝えることができた。これが第一のラッキーである。

話を聞いたハリソン副団長はスティンホーベン団長を探し、選手との話し合いも手際よく進めてまとめる。ただ、問題になったのは韓国籍の選手についてと、未成年の選手はそれぞれアメリカの家族と相談する必要があるということだった。直ちに中国側と接触したが、間もなく中国政府サイドですべてＯＫを取り付けてアメリカ側に伝えた。しかし、本人たちの希望もあり、韓国籍の選手と、予めハワイを訪問する二人の選手は不参加ということに決まったが、このハリソン副団長のすばしっこい動きが第二のラッキーである。また、アメリカ選手団はすでに仲間のカナダチームが訪中することになっている話を知っていて、卓球の強い中国に対して役員も選手も一様に大変関心が深かったことが第三のラッキーである。

なおジャーナリストの資格で来日した元アメリカチャンピオン、デックマイルスの訪中希望も出されていた。私はこの大忙しのなかで言葉の問題もあってほとんど仕事はできなかったが、多少なりとも役に立ったとすれば、共同通信の大角三郎、木田恒晴さんからデックマイルスの顔を知らないので一緒に探してほしいとの依頼を受け、会場内を探しまわったことである。間もなく中国からデックマイルスの訪中もＯＫと連絡が入った。

次は東京のアメリカ大使館との交渉で、これはスティンホーベン団長が当たった。

四月七日は水曜日で、土曜、日曜でなかったことは第四のラッキーに相当するだろう。また通常なら手間のかかる諸手続きは大使館側のサービス、協力もあって順調に進んだ。実は敵対関係でもあった米中両国の間で、三月十五日付でアメリカ政府が訪中禁止策を解除していたのである。わずか二週間前の訪中禁止策解除とアメリカ大使館の協調性が第五のラッキーである。

なお、『キッシンジャー秘録』にも挙げられているが、米中外交交渉としてはパキスタンとルーマニアの二方面から秘かに進められていたようである。しかし、これらのラッキーを振り返ってみる時、アメリカ政府と中国政府の間に何か予め外交上の接触があったのではないかという感じすらするが果たしていかがなものだろう。

実は私がＩＴＴＦのランキング委員当時、用具委員だったハリソンさん（副団長）とは親しくお付合いをさせてもらい、あの当時のお話を聞かせてもらったが、彼は前もっての接触のないことを話してくれた。しかし、あまりラッキーが続き過ぎると秘密めいたことがあるのではないかと思いたくなる。これが外交だと思うが。なお、この問題を日本側（後藤先生）に伝える嫌な役割は、中国団側から村岡さんに依頼されることになった。

大会最終日、四月七日の出来事

中国政府からアメリカ選手団を招待する旨の電報を受けた当日の状況について少し詳しく述べてみることにする。

当日の大会スケジュールは男女シングルスの準々、準、決と閉会式のある最終日。各々十時三十分、午後二時三十分と夜六時三十分スタートであった。従って大半の選手は試合終了後の観戦と帰国の準備の日で、比較的ゆったりした日であった。この時を利用して中国代表団は宿舎である藤久ホテルの庭で昼にかけてガーデンパーティを開いた。日本選手団をはじめアフリカ、南米の選手や各国の役員、ＩＴＴＦの役員などが百名近く集まり、歌あり談笑ありの賑々しいパーティであった。

王暁雲副団長の挨拶が予定より少々遅れて始まったが、それは本国からアメリカ選手団招待の電文が入り、団長室で緊急会議が行われていたためであった。

その席に村岡さんも呼ばれ、後藤会長に経過説明の役割を依頼された。そこには趙正洪団長はじめ宋中、王暁雲、金恕、唐家璇、周恩来総理の秘書王効賢さんらが集まり、緊張した雰囲気だったらしい。それもそのはず、四月五日の中国からの最初の連絡はアメリカ招待時期尚早という内示であり、団としてそのように結論を出したばかりだったからである。しかし、毛沢東、周恩来筋からのお達しであれば、ＧＯ！しかなかったのだろう。仕事の手順や担当など具体的な話し合いと詰めをして進めることになった。パーティの接待役などそこそこに、まずはアメリカ選手団への連絡、大使館関係（入国）、中国との接触担当などなど、それぞれの仕事が進められていったのは当然である。

私もパーティの後始末をして、すぐ体育館に向かう。そして、後藤会長にいつも好んで休息することになっている館長室でお会いした。報告をするつもりのアメリカ関連の情報はすでにアメリカ側から、中国側の事情は村岡さんから説明済みであった。「俺は知らなかった。内容を知らされていない。宋中を呼べ」と言ったとか言わなかったとか。しかし、そういう一時の興奮もすぐ収まって、引き続き記者発表の時間や場所などの采配までされたという。私の考えではカナダやアフリカの招待国に加えてアメリカを招待するだけのことで、日本としては直接関係がないということ。後藤会長にしてみれば、そのことよりも、あと半日で名古屋世界の成功が成就することの方が大切であった。入場料収入も中国の参加、北朝鮮関係の団体入場、そして日本選手の頑張り、マスコミの報道などによって予想以上の順調さ、それにＩＴＴＦの総会では会長代理に選出され、すべてがうまく運んでいる。この喜びの方がずっと大きかったのである。

その時、こんなことが起こった。民間大使といわれ北京に長い間滞在していた西園寺公一さんと共同通信の犬養泰彦社長、中島宏記者の三人が名物の味噌煮込みうどんを食べに行こうとしていた。そこで西園寺さんが後藤会長を見つけて写真を渡すと言って近づいた。後藤会長と話していたのはアメリカのハリソン副団長。英語通訳の渡辺武達さんから「ソンチュンさん」というのは……という質問を受けた中島さんは「宋中」のことだよと解説したという。中島さんは五か月前まで中国北京に派遣されていた中国語のベテラン、当時報道関係の仕事に共同が台湾を招待する立場になったため、北京から追放された人。言葉だけでなく中国から来た報道関係者とも顔見知りの立場だった。後藤会長、ハリソン、宋中という図式から、ジャーナリストの直観として、米中間の何かを感じたという。食事に行くことをやめて、仕事に切り替えた。すぐ藤久ホテルに飛んで中国側の取材に入った。そこで、金恕秘書、周斌さんから確認を取ることができた。ここで共同から世界向けの打電。「中国、米選手団を招待」という記事が中日新聞夕刊一面トップを飾ることになったのである。

米中ピンポン外交始まる

四月八日付け朝刊の各新聞はそれぞれ一面扱い、特に朝日は一面トップで写真入り六段抜き、横書き大文字で「米中スポーツ初交流」とし、サブタイトルでは「米卓球チームの訪問・中国希望受け入れ招待」と報道した。一方アメリカでも各社大きく取り上げ、十日付ニューヨークタイムズでは「Ping-Pong Diplomacy」（ピンポン外交）と題した社説が載った。また四月二十六日付週刊誌「タイムス」では、両国首脳、ニクソン、毛沢東、周恩来らのピンポン交流を人物を中心に図柄にして表紙扱いで紹介した。また訪中の期間中である十日から十七日までの八日間のスケジュールや事業について連日報道。特に十四日のレセプションには周恩来総理が出席したことや、公式声明、すなわち「……今回皆さま方が我が国の招請を受諾されたことにより中米両国人民の関係に新たな一ページが開かれました……」なども紹介した。これに対しアメリカ側もすぐ反応。この期間中の国際電話をオープンしたり、対中貿易制限の緩和を発表したりした。さらにこれを契機として、ついにはキンシンジャー大統領補佐官の七月訪中、翌年二月にはニクソン大統領の訪中と米中接近へと進展していくのである。

あれほどまで厳しかった反米・反中の両国が基本原則は変えない、といいながらここまで接近したのは、ピンポン交流のなせる業といえよう（狭義のピンポン外交）。

このようにアメリカの情報が日本にも伝えられるようになり、〃ピンポン外交〃という言葉＝文字を目にするようになったが、私はこのような経緯から考え、Ping-Pong Diplomacy を訳してピンポン外交という用語ができたと思っていた。ところが意外にもこの用語は日本からの逆輸入というのが正しく、日本のピンポン外交がアメリカの Ping-Pong Diplomacy となったことを後日知った。共同通信の中島宏さんから後日提供していただいた共同通信社発信のマイクロフイルムによれば、四月九日発の内容では次のようになっている。タイトル「成功したピンポン外交」、サブタイトル「米中関係に大きな影響」。内容は「中国が6年ぶりに参加した世界卓球は、ついにこれまでほとんど絶縁状態にあった米中関係のトビラをわずかながら開ける結果を生んだ。今度の決定は中国が今後米国政府と厳しくしながらも人民レベルの交流を大きく進め、米国人の訪中を次第に受け入れていく方針を決めたものとみられ、米中関係に大きな影響を与えることになろう。勝敗よりも友好第一を合ことばに大会に臨んだ中国代表団は各所で、ピンポン外交を展開した……」とし、引き続いて荘則棟選手とアメリカのコーワン選手の記念品の交換や藤久ホテル（中国代表団宿舎）での七日の各国招待パーティの内容などに触れて発信しているのである。従って一時ピンポン外交という言葉はいつ、どこで生まれたのかという議論もあったが、日本で生まれた言葉であることがはっきりした。

こんな話もあった。長い間、北京に民間外交官として滞在していた西園寺公一さんも名古屋に来ていた。中島さんとのつながりで中国が米国のチームを招待するらしい話を耳にした彼は「何かの間違いだろう」といって受け付けなかったという。世界の多くの国も多くの人もそう思ったのが事実である。また中国情報筋では、中国外交部も代表団側も米国招待について、招待発表の三日前に一応時期尚早という結論を出したところだったという。すなわち、この招待の決定は政府より上の首脳部（毛沢東、周恩来）の決定だったことになる。土壇場での逆転であり、外交というものの複雑さ、難しさを強く感じさせられた。

中国でのアメリカ代表団

四月九日に香港入りしたアメリカ代表団は、香港に一泊し入国手続きを済ませて中国入りした。日本を出てからの情報は私も日本人記者も同行した訳ではないので詳しくはわからない。ただし、『米中外交秘録』、「人民日報」「人民中国」の特集号など、手元にある資料から一部を紹介しておくことにした。

この一行は私自身も経験した羅湖橋を渡って中国入り、列車で広東へ。空路で北京入りをした。ここで新しく四人が加わる。アメリカ選手団の取材を許されたＡＢＣテレビ東京特派員のジョン・リッチ、プロデューサーのジャック・レイノルズ、ＡＰ通信東京特派員のジョン・ロデリック、ライフ誌極東地域責任者のジョン・サー（香港駐在）で、新中国を訪れる最初のアメリカ記者ということになる。

一方、中国側の指示系統はほとんど毛沢東、周恩来ラインの中央と直結した体制で結ばれていたようで、試合、観光、食事に至るまで指示があったらしい。ホテルは一九六二年に私も含め訪中日本選手団が宿泊した同じ新僑飯店。朝食はトースト、ジャム、ベーコンエッグ、コーヒーといったアメリカンスタイルであったとか。特に気を使ったのは、競技内容のようであった。技術差歴然のなか大会堂での周総理との会見のテーブル設営も、対面式から円形方式に配置替えをしたり、各々の国の選手団に歓迎の挨拶と一人ひとり握手するやり方に変えたりした。

アメリカ選手団には「中米両国の人民の間には、前は盛んに往来していたが、その後大変長い間往来が途絶えています。あなた方の訪問は両国人民の大多数の賛成と支持を得るに違いないと信じます」

これに対して団長はあたたかいもてなしに感謝すると同時に、中国卓球選手団の訪米を望む話をした時、周総理もすぐ同意されたようである。次いで選手団の方に「何か希望することや意見があったらどうぞ」という呼びかけをした。

ここでコーワン選手が立ち上がって「アメリカのヒッピーについて、どんな見解をお持ちですか」と質問した。

実はこの質問は毛沢東、周恩来といった首脳陣に会ったら聞いてみたいということを言っていたが、団長、通訳ともあまり適切な質問ではないので、やめるよう話し合い、コーワンも同意していたのであった。団長も渋い顔をして成り行きを見守っていた。

周総理は「ヒッピーについてはよく知りません。ですから余り突っ込んだ意見はありません」と述べ、さらに次のように語った。

「今日世界の青年達は現実に不満を持って真理を探し求めています。彼らの思想が変化、発展していく過程でいろいろなことが起こります。そうした変化はいろいろな形をとって現れます。そうした変化は決して最終形ではありませんが、真理を求めるにはさまざまな過程を通り抜けなければならないこと、これは認めます。私も以前長髪の日本青年に会ったことがあります。しかし彼らとあなた方は同じではないでしょう。我々は青年達がいろいろな方法で試みるべきであることに賛成します。しかし、同時に皆さんは人類の大多数と一致する共通点、多くの人に進歩と幸福をもたらす方法を考えねばなりません。これは真理を求める一つの道です。以上が私の意見、提案です」

この話は電波にのってアメリカに紹介された。後日周総理のところに赤いバラの花束が贈られてきた。それはコーワンの母親からであった。

ピンポン外交成功の政治的背景

米国卓球代表団の訪中が実現したことによって、いわゆる狭義のピンポン外交は、一応一つの区切りとなる。世界各国の外交部門担当者が想像できなかった米中の交流が、あの小さな軽いピンポン球を通じ、ピンポン外交という呼び名で世界共通の政治用語となっていった。その後もピンポン外交はますます発展、三か月後の七月にはキッシンジャーの秘密裡の訪中、翌一九七二年二月のニクソン大統領の訪中へとつながっていくのである。

それでは、なぜこのように順調にうまく事が運んだのかを考えてみたい。その政治的背景をみてみよう。

当時の国際情勢は米国、中国を含めてやや不安定なものであった。特に中国は一九六六年から始まった文化大革命が、やや落ち着きを取り戻しつつあるとはいえ、まだ文革以前の状況ではなかった。卓球関連の事業をみても、チャンピオン国でありながら一九六七年、六九年と世界卓球には不参加。また一九六八年、七〇年の日中交歓も中止せざるを得なかった。このように混乱したなかで、中国の首脳陣は米国に対して「米侵略者を打ち破ろう」というスローガンを出しながら、しかし一方ではルーマニア、パキスタンのルートを通じて、アメリカ特使や政府首脳派遣問題など、細いパイプながら接触は続けられていた。

一方の米国はベトナム問題、ラオス侵攻、ソ連との外交などいろいろの問題を抱えながら中ソ国境事件＊なども発生、三極間問題も複雑さを増していった。そういうなかでニクソンとキッシンジャーの米国外交責任者は、一九六九年一月就任以来積極的交流の姿勢を中国に対して示している。例えば米国政府の外交報告に対中改善の希望を表明したり（一九七一年二月）、対中旅行制限を撤廃したり（七一年三月）、非戦略物資の対中直接貿易（七一年四月）を認めたり、またニクソン訪中希望まで表明（七一年四月）をしている。

これに応えて中国側もパキスタンルートを通じて、特使、国務長官、大統領の訪中を受諾するという周総理のメッセージを米国へ送ったり（七一年四月）、七月に入ってから秘密裡に訪中していたキッシンジャーの外交、翌年二月にニクソン大統領が訪中するという交渉経過などについて公表した。

このような結果からみると、要するに米国も中国もともに友好交流を願い、水面下での外交交渉はある程度進んでいたことになり、ちょうどその時に持ち上がった話が名古屋世界ということになる。さらにグッドタイミングとなったのが荘則棟とコーワンの記念品の交換、米国代表団の訪中希望の話などが、米中両国選手、役員などで進められたことなどが挙げられよう。なお、米国の友好国の英国やカナダが訪中することについて、それぞれの選手間でも役員間でも話題になっていたようである。というのであれば、あれだけ強い中国の卓球に米国の役員も

＊一九六九年三月、中国・ロシア国境を流れるウスリー川の中国寄りにあるダマンスキー島（黒竜江省珍宝島）で、中ソ国境警備隊間の大規模な武力紛争が発生。死傷者を出した。その後も、東部、西部各国境で国境警備隊による衝突が頻発した。

選手も限りなく魅力を感じていたことも事実である。この話があったとき米国の役員、選手とも大喜びだったとか。賛成の意見にまとまるのもそう時間はかからなかったという。もちろん米国の両親の了解を取りつけなければならない未成年選手は電報、電話で時間は要したが。

このような両国の政治的背景が大きく後押しをして短期決戦の作業がうまくいったのである。考えてみると、どちらかといえば、米国がニクソン、キッシンジャーだったから成功したといっても良いのではないかと私自身は思っているが。

ただし、中国代表団の〝友好第一、競技第二〟のスローガンが少々気になる。周総理の発想からの言葉らしいが、米国とのピンポン外交を指しての話ではなく、米国を含めてという意味に思いたい。また、この年から国連加盟を認められた中国は北京政府となることにも成功した。

〝せしめた理論〟と友好第一、競技第二

『キッシンジャー秘録』の「ピンポン外交」の中に次のような記述がある。

「……19歳のグレン・コーワンは中国選手団の主将で世界選手権を三度獲得している荘則棟に話しかけ、志摩半島の真珠養殖場見学にでかける中国選手団と一緒のバス旅行をせしめた。(〝せしめた〟という言葉はまず間違いなく当を得ていないだろう。なぜなら中国選手団がアメリカ選手と仲良くするようにという明確な指示を受けて名古屋に来たのでなければコーワンの申し出も受け入れなかったはずだからだ。)中国人の最も顕著な才能の一つは、十分に計画された事柄を偶発的なものに仕立てることである。その翌日、コーワンは荘が試合を終えるのを待って彼に贈り物のTシャツを差し出した。歴史と政治学を専攻しているコーワンはそこで〝中国

の人を含め誰とでも友好を深めたい〃と言った。驚いたことに荘は贈り物を受け取り、お返しに中国の風景がプリントされた中国製のハンカチーフをコーワンに贈った（原注7）」

原注7の欄を見たが、アメリカ選手団ではなくニューヨークのRandm House Pamthen Books'71'参照となっていた。要するに参考資料の中には、コーワンと荘則棟とプレゼントが逆であったり、志摩半島観光日は現地で王暁雲がアメリカチームの北京招待を記者発表した日で、バスで一緒になるのは練習会場から体育館に向かうなかでのことなので、正確さに欠けているが、それはそれとして、問題はキッシンジャーの〃せしめた〃論である。つまり、ピンポン外交はあらかじめ中国側にそのシナリオができていたという見方である。外交感覚の優れたスペシャリストのキッシンジャーの考え方が正しいのかもしれないと私自身の心に今日なお残っている。残された人生の研究課題として追求してみたいものだと考えている。

ところで、ピンポン外交の象徴〃友好第一、競技第二〃という言葉はどのようにして生まれたのかをみてみよう。

まず、周恩来総理が中国代表団にじきじきに訓示したなかに出てくる。趙正洪中国代表団長の日本への入国時の第一声でもある。日本のマスコミは好んでこの言葉を使った。中国選手は勝つことより友好交流を大事にするという精神をもって名古屋世界に参加したということである。

ちょうどその頃（一九六九年五月）、中国は再び各国大使を任地へ派遣し始め、外交のなかった国には国交関係の復活交渉にも積極的だった。七一年一月には日本、イギリス、アメリカにも関係改善を求め、ソ連圏の東欧諸国に対してさえ手を広めていた。すなわち国連加盟への対策である。また、日本への働きかけも多角的で政治、経済、民間にわたるもので、特に、藤山愛一郎元外相を招き、日中関係などについて詳細な話し合いをしている。中国側から「米中も急転直下の劇的な改善が可能」という周恩来発言があったことも紹介されている。

このような背景のなかで同じアジアの日本の名古屋で世界卓球が開催されるとなれば、中国にとってグッドタイミングであり、六十数名という、軍、外交、体育を含む大勢の代表団を編成し、名古屋へ乗り込んだのである。前述したようにアメリカとの交流が直接的な目標ではなく、まずは日本対策が主な課題だったことは間違いない。中日友好協会のスタッフで日本語の堪能な王暁雲副団長や王効賢さんをはじめ、卓球人以外でも日本語のできる人材によって編成され、それに備忘録弁事処のスタッフ、さらに在日華僑の応援団、そのなかに唐家璇さんもいた。

私が思うに、そういうなかで、コーワンと荘との交流に端を発し、世界を揺るがす米中ピンポン外交となっていったのである。すなわち、米中は日中ピンポン外交の副産物的なもので、アメリカ側が仕組んだ施策ではなく、周恩来の脳裏にはアメリカ主体ではなく、アメリカを含むという考えがあったのだろう。

アジア卓球連合の設立へ

狭義のピンポン外交、すなわち米中ピンポン外交は一つの区切りとなる。しかし、周恩来・後藤鉀二会談や名古屋世界を通じて残された課題がある。それはアジアの合法的なＩＴＴＦ公認の新しい組織の設立という問題である。後藤会長辞任の後、ジン・バン・ゴク氏（南ベトナム）を会長代理とするアジア卓球連盟に、日本は一九七一年十二月五日に脱退届を出す。それまではメンバーだったことになる。中国、日本、朝鮮が中心となった新組織〝アジア卓球連合〟*ＡＴＴＵ設立に向けての動きは、周恩来・後藤会談時に始まり、名古屋世界選手権大会で話し合

＊一九七二年、日本、中国、朝鮮が中心になり、既存のアジア卓球連盟を脱退して新しく創設したアジアの卓球団体。初代会長川上理三氏、二代会長後藤淳氏。

いをし、その方針で力を注いで来ている。

一方のアジア卓球連盟も臨時総会の開催や通信などいろいろな手段で関係各国への働きかけをしてきている。中国や日本、朝鮮を中心としたＡＴＴＵグループは、たとえば技術指導代表団（森、鍵本、野平、松崎、河野、森沢ら）を編成して、タイ、シンガポール、マレーシアで指導者講習会を日卓協が行ったり、中国は六月ＡＡ大会準備会、十一月にはＡＡ大会を北京で開催し、十分の資金を投入しながら組織化にも力を注ぎ、朝鮮もコーチの派遣などを積極的に実施し努力をした。しかし、アジア卓球連盟側もインドネシアでの臨時総会やインド、フィリピン両協会からの文書によるお誘いなどがあり混乱気味となった。

こういう情勢のなかでＡＴＴＵ新会長になるはずの後藤会長の訃報を受けなければならなかったことは残念至極――。それは一九七二年一月二十二日であった。前年十一月に北京のＡＡ大会で途中から帰国することになっていた私に朝の早い便に間に合うよう電話してくれ、部屋でパンとコーヒーを用意してくれた後藤会長。そのとき、〝森君一寸疲れたよ〟といった後藤会長の顔を思い出す。

後藤会長に連合、連盟両者が会見を申し入れていたことで心労がたまっていたのかもしれない。時はどんどん流れていく。

組織化のなかで中国との話し合いでは、日本はインドネシア、マレーシア、シンガポールに集中することになった。これだけは何とかしなければならないので、村岡、荻村氏と協議し、私が単身で協会にも内密にしてマレーシアとシンガポールに出かけることにした。四月七日にＪＡＬ７１１便でシンガポールに向かう。言葉の問題もあり、話題も大切なことが多いので、ＪＡＬを通じて通訳を依頼したが断られた。次いで共同通信の中島昭さんに依頼し紹介していただく。親切にしていただき本当に有難かった。対中国事情なども教えていただいた。中国は非常に複雑でいろいろな方向を向いている人がいて、非常に難しいとのことであった。戦術的にはまずマレーシアを成功させて、もう一回シンガポールに来てはというアドバイスももらった。タンタクア氏とは最初ホテルで秘書の女性と一緒に会ったが、話の内容は大まかなところで終わった。翌日、自宅へ招待されたが、日本語の通訳も用意をしてくれて話ははずんだ。さらに翌日九時に担当大臣との会談を用意しているとのことで、その時話す内容ついてタンタクア氏から要望があった。①タンタクア氏の必要性と重要性　②招待状を近日中発送　③マレーシアの参加可能性大。大臣との会談は大成功、タンタクア氏もご機嫌よく、その後タンタクア氏の大変な歓待を受けることになった。

ただし、中国への入国は特別のビザを必要とするが、もちろんタンタクア氏のそれはまだクリアしていない。私は十一日十二時三十五分発マレーシア航空でクアラルンプールに向かう。出国時に書いた書類が不備で赤野清さん（ＪＡＬ）に世話になる。日本からの連絡もうまくいっていない様子で出国して協会へ電話をしたが、うまくつながらない。ＹＭＣＡの電話につながってしまう。とりあえずホテルに入ることにした。そして最初に会ったのがクアラルンプール卓協の李錦栄さんという人。この人がまた親切で明日マレーシア卓球協会を紹介してくれるということになった。というところで、とにかくその日はゆっくり休むことにした。

アジア卓球連合成る

シンガポールからは一週間以内に答えを出す、十四日に香港で再び会うという前向きの話をもらい、十一日のＭＬ５６８便でクアラルンプールに入る。日卓協との連絡や電話番号の間違いがあってかなりの時間立ち往生した。クアラルンプール卓協と、十二日と十三日の二日間にわたりミーティング。マレー語、中国語や英語も入ってかなり騒々しい。日本語も少しできる人がいて通訳なしで付き合った。多くの日本人と仲良しのヤップさんが上手に会をまとめ、政府発行のビザの問題を残して二名の派遣参加を決めてくれた。

夜はバーに招待され、ジョニ黒を注文したがなかなか出てこない。その店はブランデーばかりの高級店。私のために外に買いに行ってくれた、ということを後に聞いた。以後、マレーシアでは、〝ミスタージョニ黒〟と呼ばれた。

翌十四日、十時発のＪＡＬ７１４で香港に向かう。１ナイトの予定で、香港卓協の幹部とタンタクワ氏と会う仕事に入った。香港も連盟側との接触もあり微妙な立場にある。一応儀礼的挨拶と参加要請をしておいた。シンガポールのその後の状況を聞くために、たまたま香港に来ているというタンタクア氏とホテルで会った。マレーシアの参加を新聞で見たこと、シンガポールも副会長を派遣することになって政府と交渉中であるという報告を受けた。シンガポールとマレーシアとの話し合いは大成功に終わったといえよう。翌十五日午後三時発ＪＡＬで帰国。

少し疲れも出て急いで帰ろうとしたところ、毎日新聞記者の西川治一さんが羽田の出口で待っていた。ごく一部の人を除いて内緒の出張なのと、まだ発表できない段階でもあり、焦った。だが反面、さすがプロ魂の仕事師、卓球人（元東海学連幹事長）だとも思った。

翌日の新聞には比較的大きいスペース（左上ページのほぼ三分の一）だった。

「主導権・新卓連へ」の見出し、１号落としてサブに「各国なだれ転向？　森理事帰る」というもの。内容も中国や他方面の取材を終わっての詳細にわたるもの。例えば、「韓国、南ベトナム、クメールなどが孤立化する形勢。日卓協も森武理事を香港、シンガポール、マレーシアに派遣、下工作をした。

五月四日から七日。北京で新組織設立準備会議を開くことにして、アジア各国に呼びかけを始めている。現在のところ日、中、朝の他、パキスタン、ネパール、セーロン、マレーシア、シンガポール、香港、北ベトナム、パレスチナなど十数か国が出席の意向である。アジア連盟21の中からなだれ現象を起こすのではないかと思われる。」森理事の談としては「いずれの協会でも趣旨説明をし、私も加わって討論をしたし首脳陣とも会ってお願いもしたが、いずれも明るい見通しであった」としてあった。ちょうど同時期にインドネシアを訪問した荻村氏の話では参加は困難との報告であった。五月四日の北京での準備会は十六の国・地域の代表が集まって開催された。日本代表は後藤淳、城戸尚夫副会長と島崎林蔵理事に村岡久平氏であった。

私は参加できなかった。代表決定時に、川上理三会長代理から私に電話が入った。「当然代表に入ると思っておられるだろうが、諸般の事情でメンバーに入っていない。了承してくれ……」という趣旨であった。その時は不満だった。しかし、人事は会長代理、副会長の権限に従うより仕方がない。しかし、後藤鉀二が生きていれば変わったかもしれないと思ったりした。また、後藤夫人や関係者も同行していることで、自分自身を納得させた。私自身少し動き過ぎかな、と後に考えることもあった。

新組織の会長に川上理三さん、また副会長にマレーシア、名誉会計にシンガポールが選出されたのはせめてもの慰めであった。

ざるを得ない。

◇追補1

その後の台湾問題

後藤鉀二会長が亡くなる最後まで気にされていた台湾問題が、ピンポン外交の舞台となった名古屋で、しかもあの宋中さんが出席する場で解決をみることになったのは、まったく奇遇といわざるを得ない。

名古屋世界から八年後の一九七九年十二月二十三日から三日間、キャッスルホテルでＩＯＣ理事会が行われた。その最終日、「チャイナ、名称は中国オリンピック委員会、中華人民共和国の国旗、国歌を使用する」「タイペイ、名称は中国・台北オリンピック委員会とする。使用する歌と旗、エンブレムは現在のものと異なりかつ理事会が承認するもの」――その発表に、中国オリンピック委員会の総務主事宋中さんは、団員とうなずきあう。反対側に用意された台湾の代表団の席は空席だった。中国側の二十数年来の懸案事項は、これで一件落着となった。

理事会の発表によれば、この件は郵便投票の形式をとり、結果は賛成六十二票、反対十二票、棄権と無効が各一票であったという。

日中交歓大会などの中国との打ち解けた雰囲気のなかでは、後藤会長得意のジョークで、台湾の復活を考えてほしいとそれとなく中国の役員に伝えていた。中国側もそのことが心のどこかにあったのかもしれない。

私自身も気になっていたが、その時が来た。荻村専務理事と話しあって、一九八二年三月一日、単身で台湾へ飛んだ。台北では李龍雄総主事と精力的に面談し、ＩＯＣ方式により三月の東京選手権大会に、チャイニーズ台北の名称で招待することに成功した。さらに、近年は韓国や北京、上海の学校、クラブなどの参加もあり、国際オープン大会として国際交流が行われている。これも森式にいえば、ピンポン外交に含まれる。

ついでに台湾問題について遡って経過をみてみることにしよう。新中国の前の時代のＩＯＣ委員の一人が台湾に渡り、ＮＯＣ事務所を台北に移すことをきわめて事務的に通知したままになっていたということである。一九五四年のＩＯＣ総会は北京のＮＯＣと台北のＮＯＣの両方を認めたため、中国は二つの中国をつくりだそうという陰謀として抗議し、一切の関係を断つという声明を出して、ＩＯＣと断絶状態となった。さらに中国側の姿勢は厳しく、時のＩＯＣ会長ブランデージがいる限り、すべてのオリンピック国際スポーツ組織から脱退するという声明も出して脱退した。

また、一九五六年のメルボルン大会の際は、北京に代表団を集合、待機させながら、結局参加を取りやめたりした。

しかし、卓球はオリンピック種目でなかったこと（一九八八年ソウルオリンピックから正式種目）、国際連盟のメンバーは新中国で、台湾は認められていないことから、新中国は一九五六年の東京世界に参加、さらには一九六一年には北京世界までも開催している。

このようなピンポン交流が契機となり、国際関係改善の方向に向かう。そして、ＩＯＣにも動きがあった。会長がキラニン氏に代わったのである。一方、中国も文化大革命という内部問題が起き、かつてのかたくなな台湾政策にも柔らかさ、ゆるやかさが生じ、名古屋でのＩＯＣ理事会で、うまくまとまることになったようである。

これもピンポン外交といえるが、日本のいろいろな助力があってのことといえるのではないだろうか。

◇追補2

その後のアジア連合（ＡＴＴＵ）

日本、中国、朝鮮が中心になって、一九七二年にアジア連盟を脱退して新しくアジア連合を創設した。会長になる予定だった後藤鉀二氏が急逝し、川上理三会長でスタートした。アジア卓球連盟も存続に努めたようであったが、時代の流れとＩＴＴＦとの協力体制、中国、日本という卓球王国が主体のアジア卓球連合とは対抗できるはずもなく、自然消滅の運命をたどることになった。今日では、中国・台湾問題も整理整頓され、仲良く交流が行われ平和を保っている。かつて台湾派だった韓国、ベトナム、インドネシア、タイなどの各協会も、今日ではすべて連合の加盟協会となっている。韓国とタイは地域代表の副会長という要職について活躍している。また、加盟協会数も四十四協会と大幅に増え、順調な発展をとげながら、いろいろな行事を友好的に行っている。

連合の二代目の会長である後藤淳氏は、後藤鉀二会長の後を継いだ名古屋電気学園の理事長で、一九七六年から二〇〇一年までの二十五年間の長きにわたり、アジア卓連の会長を務めてきた。その功績もあって、現在は終身名誉会長という役職であるが、日中友好に努力した今は亡き後藤鉀二氏とすゞ子夫人、そして和子夫人（淳氏の夫人）の分まで、これからも連合の発展に寄与されることを願っている。

また、現会長は中国の蔡振華氏。これまで中国は秘書的な役割は受けてきたが、会長職などは受けないことが多かった。若くて元気がよく、卓球も強かった、頭のよい会長に大いに期待したい。

◇追補3

世界開催、日本、イギリスがトップ

東京で三回目の世界卓球が二〇一四年四月二十八日から五月五日までの八日間、国立代々木第一体育館を中心に開催される。日卓協や組織委員会は準備に大忙しのようである。

実はある時、木村副会長に何かお手伝いすることがあればとお話したが、「ありがとうございます。ゆっくり試合でも観ていただければ……」と丁重にお断りがあった。いろいろお話を聞くと、予算面を含めボランティアなど人事も大変なようだった。もちろん、世界の事業はそう簡単にできることではないはずだ。また、今回は東京オリンピックの招致に成功し、その前哨戦としての国際大会として東京都との折衝もうまくいきかかった時期に猪瀬知事の辞任があり、急激な変化が生じてしまっている。それでも、東京オリンピック招致に積極的な舛添新知事の誕生でよかったのかもしれない。一九二〇年東京オリンピック成功のためにも、ぜひ舛添新知事に東京世界を観戦いただき、盛り上がりの契機にしてもらいたいものだと思う。そして、卓球も好きになっていただけることを願っている。

さて、この東京世界開催のかげには、ＩＴＴＦのシャララ会長との関わりありと聞いた。東北大震災に心を痛めたシャララ氏から励ましの手紙や電報と共に、世界卓球開催の話もあったようである。前原専務理事は前向きに会議機関に諮り、日卓協として大会開催に立候補したという。この決断も評価される。このような発案は、かつて夫人とともに日本で卓球訓練をしたシャララ氏であればこそと、大変感動した。ここに改めてシャララ氏に感謝したい。

しかし、すでにカタールのドーハが立候補の意思表示をしていた。これを決定する二〇一二年ロッテルダム世界の総会でオリエンテーリングがあったが、ドーハはいち早く立候補辞退の世界を何としても成功させなければならない。また、成功すると信じている。

また、過日、日卓協よりＩＴＴＦ役員、名誉役員向け用入場券優先申込みの案内が来た。一方、インターネットでのチケット購入方法が発表された。先行販売分、すなわち十二月二十一日から一月五日発売の指定席は販売数に制限があるためだろうが、すぐに売り切れになったらしく出足好調とか。

なお、四月一日から売出される一般チケットも混雑が予想される。ちなみに自由席大人は千円、小中高は七百円と発表されている。

ここで、世界卓球の開催地別の回数をみてみたい。開催数の多い開催都市は、ストックホルム（スウェーデン）とパリ（フランス）の四回、東京（日本）、ブタペスト（ハンガリー）、ウェンブレー（イギリス）、プラハ（チェコ）、ドルトムント（ドイツ）が三回、ついでロンドン（イギリス）、バーデン（オーストリア）、イエテボリ（スウェーデン）が二回である。国別にみると、日本とイギリスが七回でトップ、六回はドイツとスウェーデン、五回はなくて四回はフランスと中国となっている。大陸別にみるとヨーロッパが三十七回、アジアは十七回、アフリカが一回となる。歴史や強さなどからみても、うなずけそうな数値のような気がする。近年、卓球の競技成績はやや落ち込んではいるが、国際面での国力、スポーツ界への貢献度、協力度、そして信頼度は抜群の評価の証しといえないだろうか。卓球の世界における日本の位置づけを誇りに思うと共に今日あることを卓球人の先輩に感謝したい。

七回目の日本での開催となる東京世界の成功を祈りながら。

（「卓球人」第58号　二〇一四年四月発行）

◇追補4

ＩＦ加盟数で卓球がトップ？

ＪＯＣ事務局を通じて各国、地域の加盟数を調べてみたものである。二〇一五年一月の数字で二〇〇以上の競技。

1　バレー　二二〇
2　卓球　二一五
3　バスケット　二一四
4　陸上　二一二
5　テニス　二一〇
6　サッカー　二〇九
7　テコンドー　二〇四
8　水泳　二〇三
9　ハンドボール　二〇〇

日卓協のごく最近の話では、二二二の加盟数になったという。これは大変なニュースである。他の種目がどうしているかは知らないが、卓球は国および地域が加盟しているので、加盟数がそのまま国の数ではない。ＩＯＣ発表の数だけみれば、バレーはもちろん、他の競技団体が急激に増えていれば別だが、そうでなければ卓球が一番になる。他の競技の加盟状況はいかに。何事も一番にはなりにくいものだが、もし事実ならお祝いしたい。

カンパイ、卓球。加盟数が多いということは、森式ピンポン外交が広がる可能性が大きいのだから。

資料1

日本卓球協会、日本中国文化交流協会、中華人民共和国卓球協会、中国人民対外友好協会の会談紀要

（一九七一・二・一）

日本卓球協会会長後藤鉀二、日本中国文化交流協会事務局次長村岡久平、日本卓球協会常任理事森武、後藤鉀二秘書小田悠祐は、中国人民対外友好協会の招きによって一九七一年一月二五日から二月三日にかけて中華人民共和国を友好訪問した。北京滞在中、中華人民共和国国務院周恩来総理と全国人民代表大会常務委員会郭沫若副委員長は日本の友人と会見した。日本卓球協会会長後藤鉀二、日本中国文化交流協会事務局次長村岡久平、日本卓球協会常任理事森武と、中華人民共和国卓球協会責任者宋中、中国人民対外友好協会責任者呉暁達、中華人民共和国卓球協会秘書長鄒伯賢は、双方がともに関心を持つ問題について友好的な会談をおこない、つぎのような意見の一致をみた。

一、日本卓球協会は、国際卓球連盟憲章を遵守して国際卓球活動の発展を図る。特にアジア卓球連盟を国際卓球連盟憲章にしたがって整頓する。

二、日本卓球協会は、中日関係政治三原則（1中国敵視政策を実行しないこと。2「二つの中国」をつくる陰謀に加担しないこと。3中日両国の国交正常化を妨害しないこと）にもとづいて、日中両国卓球会の友好交流を発展させる。中国卓球協会はこれに対して賞賛と支持の意を表明した。

三、日本卓球協会は以上の原則にもとづいて、ことし三月二八日から四月七日まで日本の名古屋において開催される第三一回世界卓球選手権大会への中国卓球チームの参加を招請する。中国卓球協会はこの招きを受けて、卓球チームを派遣し大会に参加する。

四、当面の具体的交流として、ことし日本と中国においてそれぞれ日中卓球友好協議会を開催する。

五、日本側は日本卓球協会と日本中国文化交流協会が、中国側は中国卓球協会と中国人民対外友好協会がともにきょうりょくして両国卓球会の友好往来を具体的に推し進める。

中国卓球協会と中国人民対外友好協会は日本中国文化交流協会、日本卓球界およびその他友好的な人士が日中卓球界と両国人民間の友好・団結を増進し発展させるためになされた努力に感謝する。

一九七一年二月一日　北京にて

日本卓球協会会長　後藤鉀二（署名）
日本中国文化交流協会　村岡久平（署名）
中華人民共和国卓球協会責任者　宋中（署名）
中国人民対外友好協会　呉暁達（署名）

資料2

名古屋世界に参加した中国卓球代表団

団長　趙正洪
副団長　符志行　王暁雲　魯挺
秘書長　宋中
副秘書長　潘志剛
男子チーム監督　趙以氾
女子チーム監督　符兆楼
秘書　金恕　徐世成　江培柱
ヘッドコーチ　関恵光
男子チームコーチ　徐寅生　荘家富　李樹森
女子チームコーチ　王志良　馬金豹　梁友能
男子選手　荘則棟　李富栄　周蘭蓀　李景光　郗恩庭　梁戈亮　王文華　王文栄　刁文元　余長春　張燮林
女子選手兼助監督　林慧卿
女子選手　鄭敏之　梁麗珍　李莉　鄭懐穎　張立　林美群　馮夢雅　干秀萍　胡玉蘭　徐剣琴
通訳　江承宗　王效賢　周斌　唐家璇　王家棟　劉世慶　章偉平　龔徳明
医師　洪蘇皋
随行記者　高梁　劉文玉　張劉仁　朱興泉　蘇中義　任福堂　李振羽　屠国璧　唐忠樸　黄韜朋　田家農

おわりに

同人雑誌「卓球人」は、発行人の鈴木一氏の体調もあり、ピンポン外交の締めくくりと共に、残念ながら、今年廃刊となりました。仲間から「ピンポン外交」を本にまとめてみてはというお勧めもあり、早稲田大学の依田教室（依田憙家早稲田大学名誉教授）のご縁をたどって、元中日新聞社の川村範行さんに御苦労をいただくことになりました。そして、ピンポン外交の発生地である名古屋から出版ができるという幸運に恵まれました。

ピンポン外交を書くように勧めてくれた鈴木一さん、解説を書いていただいた川村範行さん、出版していただけるゆいぽおとの山本直子さんに心から感謝申し上げる次第です。

実は、本文の冒頭にもありますが、「ピンポン外交」の広義の解釈（森武の説）では、名古屋世界と後藤鉀二だけでなく、三代目のＩＴＴＦ会長、荻村伊智朗氏が韓国と朝鮮民主主義人民共和国の統一チームの実現に努めたこと、そして、千葉世界での女子団体優勝も、大いなるピンポン外交だと思います。

荻村氏は、名古屋大会では表立った位置には出てきませんが、韓国と朝鮮側からは高く評価されています。私たちは一緒に仕事をしただけでなく、個人的にも交流があり、もちろん、意見の違う場面もありましたが、仲間としてお互いを尊重していました。

国際交流に際しては、荻村氏に何人ものキーマンを紹介してもらいました。なかでもサマランチ氏とさまざまな交流ができたことが心に残っています。荻村氏がＩＴＴＦ会長になるときには、私もインドでの総会で、世界中の卓球人、知人の力も借り命がけでがんばりました。国内では私を専務理事代行として立ててくれたりしました。

本文にはあまり出てこない、荻村氏のピンポン外交にも触れさせていただきました。私の自慢話に、ＩＴＴＦの歴代会長と親しくお付き合いをさせていただいたことを挙げております。日本卓球協会が世界から信頼され、国際行事に積極的にかかわりをもってきたおかげで、初代会長、モンタギュー氏、次いでエバンス（イギリス）、荻村（日本）、ロロ・ハマダンド（スェーデン）、徐寅生（中国）、シャララ（カナダ）の歴代会長すべてと親しく話し合いができる間柄であったわけです。

私から見れば、指導者として後藤先生も荻村氏も、日中共同体、世界共通思想などは同じで、手段、方法論が違っていただけのように思います。今後、このあたりを文章化することができますかどうか。荻村氏は七回ほど訪朝したようです。ただ、記録は私のところにも、当時の新聞の切り抜きしかありません。

さて、現在、私は新しいピンポン外交を考えています。それは、ラージボール卓球です。これは、軟式というテニスのソフトテニスのように、日本でしか行われてこなかったシステムです。国際式に一本化した平成十三年、これに変わる新卓球を考案して、近年、ドイツ、中国、アメリカなどでも楽しまれている競技です。すなわち、コートはそのまま、ネットを少し高く、ボールは大きく柔らかくして、ボールの回転などの変化の少ないラリーを楽しんでもらおうという趣向のものです。

横浜世界ではシャララＩＴＴＦ会長にカップを提供してもらうなど、徐々に国際化しています。この世界大会を、何とかして実現したいと考えています。

初代会長のモンタギュー氏の精神をもとに、「ピンポン外交」に学んで、高度の技術とは違った、みんなで楽しむピンポンもあっていいはずです。ピンポンの精神、生涯スポーツとも合致しているはずと考えるからです。

　早大退職の直前、他大学ではまだ「社会体育」という用語が一般的でしたが、早稲田の体育局ではいち早く「生涯スポーツ」という用語を使用し、「生涯スポーツ論」という理論講座を開講したことに誇りを覚えています。研究者の一人として、老若男女が一緒に楽しめるラージ世界大会実現を見て終わりたいと思っている今日この頃です。

もう一件追加します。実はこの本の校正をしている時、すなわち二〇一五年九月二十日、二十一日にＪＴＡのスポーツ・医科学委員会のお招きを受けました。この会は、一九九〇年荻村氏が国際卓球連盟会長、私が日本卓球協会専務だった時に、私がお願いして国内と国際の両連盟に作った委員会です。確か、水泳連盟ではすでに行っていたと聞いていますが、研究者（科学者）が研究発表と討論を行う、いわゆる体育学会方式の研究者の集まりです。これがいろいろな苦労を乗り越えて、今日なお継続していることに最高の喜びを感じた次第です。公益財団法人日本卓球協会と担当者の辻裕氏、松尾史朗氏に心からエールを送ります。

すべての関係者の皆様に重ねてお礼申し上げます。

解説

名古屋外国語大学特任教授
元中日新聞・東京新聞論説委員
川村範行

一　ピンポン外交とは何か

一九七一年春、名古屋の世界卓球選手権大会に参加した中国チームとアメリカチームの交流をきっかけに、ベトナム戦争で敵対関係にあった中国（中華人民共和国）とアメリカが急接近し、翌年明けにニクソン大統領の訪中が実現する。併せて、七二年秋には日本と中国の国交正常化にまで発展する。まさに小さなピンポン玉が大きな外交を動かしたのである。中国語で「小球転大球」。名古屋を舞台にしたスポーツ交流が国際政治を動かすきっかけとなった歴史的出来事として特筆される。

その舞台は一九七一年三月末から四月初め、名古屋市内の愛知県体育館で開催された第三十一回世界卓球選手権大会である。中国は文化大革命（一九六六年―一九七六年）のさなかで国内が混乱しており、世界卓球には二回続けて不出場だった。日本卓球協会会長を務めていた後藤鉀二・愛知工業大学学長はじめ同協会常任理事だった本書著者森武氏らが国交のなかった北京まで交渉に出向き、当時最強と見られた中国チームを名古屋に招くのに成功する。

後藤会長らは一九七一年一月に香港経由で広州から北京へ。中国チーム派遣要請の難しい交渉で、後藤会長は中華人民共和国が唯一の正当政府であるという「二つの中国」政策を認め、台湾チーム（中華民国）のアジア卓球連盟からの除名を決断する。周恩来総理が交渉の要となり、最終的には全権を握っていた毛沢東主席が派遣を決定する。

この大会を通じて中国代表団と接触の機会を得たアメリカ代表団は中国を訪問したいという希望を出した。さらに、アメリカ選手の一人コーワンが間違えて中国チームのバスに乗り込むハプニングが起きた。中国選手は驚いたが、その中の一人荘則棟がとっさに杭州製錦織をプレゼントした。コーワンは感動し、そのあと名古屋・栄の繁華街で赤、白、青三色で“Nature call me”とプリントされたTシャツを買ってお返しをした。

中国人ジャーナリスト銭江氏の著書『米中外交秘録　ピンポン外交始末記』（一九八八年、東方書店）によると、荘則棟が「われわれ中国人民とアメリカ人民はずっと友好的に付き合ってきた。きょう、彼がわれわれの車に乗り合わせて、皆とてもうれしい。選手一同、君を歓迎する。その気持ちとして君に記念品を贈りたい……」と言いかけたとき、後ろから、「荘さん、だめ、だめ」という低い声と共に、一本の手が伸びてきて彼を引き戻そうとしたという。中国卓球選手団の名古屋大会参加準備報告書では、アメリカチームの役員と遭遇したときは中国側からは話しかけず、挨拶もしないこと、試合をすることになった場合はペナントを交換せず、握手だけにすること——がうたわれていたからである。

こうした事実はすべて北京に報告され、中国外務省と国家体育運動委員会が報告書をまとめて、周恩来総理に送った。前出の銭江氏の著書によると、当初は「アメリカチームに対し、中国訪問の機会はまだ熟していない、今後、機会があると信じると伝えるように」との内容だった。周恩来は慎重な態度を取り、文書に「彼らの連絡先を聞いておくこと。彼らの代表と接触する際には、われわれ中国人民は〝二つの中国〟〝一つの中国、一つの台湾〟の陰謀に断固反対することを表明すること」というくだりを書き加えていた。さらに文書の上段には「同意したい」という周恩来の文字が書かれていたという。周恩来は自分では最終決定を下さず、四月四日に毛沢東に文書を送っていた。毛沢東は思案の末、大会最終日となる四月七日未明に最終決断を下した。「アメリカチームを北京に招待する」——。

この指示を知らされた名古屋の中国代表団も驚き、急ぎアメリカ代表団に連絡を取る。この情報をいち早くつかんだ共同通信の中島宏記者は中日新聞社にある共同通信名古屋支社を通じて原稿を送り、中日新聞夕刊（一九七一年四月七日付け）の最終版に一面トップ記事として載り、ビッグニュースとして世界に伝わったのである。

アメリカチームは名古屋の大会後、直接北京へ行き、熱烈歓迎を受け、万里の長城などを見学した。その後、中国チームがアメリカへ招待される、という展開をたどるのである。

二　米中外交の展開

名古屋世界大会に中国チームが出場する時機を逃さず、ニクソン大統領は矢継ぎ早に対中政策を打ち出している。開会直前の三月十五日にアメリカのパスポートでの中国旅行制限の全面撤廃を発表した。次に、閉会後の四月十四日に中国の個人・団体の訪米ビザ発給、中国のドル使用承認、中国との非戦略物資の直接貿易許可など五項目の対中関係改善措置を発表する。さらに、ニクソンは米国内での講演で「現政権と次期政権の長期目標は、アメリカ政府と中華人民共和国政府との関係正常化と大陸中国の孤立状態を終結させることの二点である」と明言している

名古屋から始まった米中ピンポン交流の水面下で、中国とアメリカは外交交渉を加速させる。その年の七月、キッシンジャー大統領補佐官が北京を極秘訪問して周恩来、毛沢東と直接話し合いをし、ニクソン大統領が翌年北京を訪問することで合意したと電撃的なテレビ発表をした。世界をアッと驚かせた〝ニクソン・ショック〟である。翌七二年二月にニクソン大統領が訪中し、毛沢東、周恩来と国交に向けて話し合いをする。両国関係正常化への協議や台湾からの米軍撤退などを盛り込んだ、画期的な「上海コミュニケ」を発表する。米中首脳が握手し、国際政治の構造を根本的に変えることになったのである。

ピンポン外交は、米中首脳の戦略的なアプローチからもたらされた産物でもある。その背景をたどっていく。

資本主義西側陣営のトップであるアメリカと社会主義東側陣営の中国は、一九六五年から始まったベトナム戦争で南ベトナム、北ベトナムをそれぞれ支援して戦っていた。アメリカは戦争を主導したジョンソン大統領から一九六九年にニクソン大統領に代わり、国家財政への悪影響や反戦運動の高まりなどを背景にベトナム戦争の終息、名誉ある撤退を模索し始めた。また、米ソ冷戦下の対ソ戦略のために中国との接触を探っていた。

一方、中国は一九六六年からの文化大革命による混乱で、西側諸国とは閉鎖状態が続き〝竹のカーテン〟と呼ばれた。中国とソ連は社会主義の路線などを巡り対立、一九六九年に入り国境線での武力衝突に発展した。ソ連による「対中核攻撃」の脅威がエスカレートし、同年十月には毛沢東が軍に「第一級戦闘準備」警戒態勢を敷くに至った。国境線で対峙するソ連の脅威から脱するため、毛沢東は三国志の蜀・呉の連携や孫子の兵法を参考に〝敵の敵は味方〟との戦略から遠方のアメリカとの雪解けを密かに探っていた。

米中両国指導者のこうした戦略的思考が重要な基礎になった。ニクソンの外交指南役だったキッシンジャー氏は著書で「継続革命の提唱者である毛沢東と悲観的戦略家のニクソンの歩む道が交わることになる」（『On　China』、日本語訳『キッシンジャー回想録　中国（上）』〈二〇一二年、岩波書店〉）と、分析している。直接の引き金として「ソ連の圧力が大きな後押しになった」と振り返る。

ニクソンは大統領当選直後にハーバード大学国際政治学者のキッシンジャー博士を国家安全保障担当補佐官に任命し、「中国との接触の可能性を探る」との指示を与えた。ニクソン・キッシンジャー外交は密かに、中国とパイプのあるパキスタン、ルーマニアのルートを使って中国側との接触を図る。ニクソンは一九六九年にパキスタンのヤヒア・カーン大統領と会見し、アメリカが中国を孤立させるいかなる措置にも加わらない旨を中国の指導者に伝言してくれるように依頼。ワルシャワでの米中大使級会談が再開されたが、七〇年初めの米軍のカンボジア出兵により途絶える。七〇年十月、ニクソンが再びヤヒア・カーンに、「アメリカは既に対中関係正常化を決定しており、秘密のうちに政府高官を中国へ派遣する用意があることを中国の指導者に伝えてもらいたい」と依頼し、翌十一月にヤヒア・カーンは北京訪問で周恩来総理にニクソンの言葉を伝えた。周恩来は毛沢東の指示に基づき「アメリカの提案に原則的に同意する」と回答し、さらに翌七一年一月にはルーマニア・ルートでニクソン自身の訪中も歓迎するとのメッセージがホワイトハウスに届けられた。

キッシンジャー氏は前述の著書で「毛沢東と周恩来は様々な段階で活動していた。その一つの段階がピンポン外交であり、米側のメッセージに対する回答となっていた。それによって中国は、これまで最高機密の外交チャンネルだけに限定してきた米中関係改善の進路を、おおっぴらに進めることを示した形になった。一年足らずの間に米中外交は、和解不可能な紛争から、大統領本人の訪問準備のための大統領特使が北京を訪問するまでに進展した」と回想している。

銭江氏も著書で「ピンポン外交は、米中首脳の極秘の接触の中では、キッシンジャー、ニクソン訪中の水先案内人の役割を果たしたことに意味があった。中国としては、卓球チーム受け入れで対米接近に積極的であることを示し、アメリカ側も中国の意図を読み取ったのだった」と、捉えている。

米中双方はまさに「メヌエットを踊るようにゆっくりと」（キッシンジャー氏）接触を進め、

名古屋の卓球交流のチャンスを得て、一気に米中和解への扉を開いたのである。

三　広義の「ピンポン外交」

本著の森武氏は、ピンポン外交を〝広義〟で捉えたところに特徴がある。一九七一年の名古屋世界大会の約十年前から実施されてきた日中交歓大会や、中国と台湾の対戦（ＡＡ大会）、韓国と北朝鮮との統一チーム（千葉世界大会）、イスラエルとパレスチナのダブルス等、幅広い卓球の交流を広義のピンポン外交と定義づけている。

日中ピンポン外交の始まりとして、一九五六年の東京世界大会に建国間もない中華人民共和国が申込み期限ぎりぎりで参加したことを挙げ、周恩来総理の意向であったことを明記している。卓球こそが国際復帰を推進する有効な手段であると、中国政府特に周恩来総理が着目したとの推測を交えて、中国（周恩来）の外交政策は鋭いと看過している。周恩来総理の脳裏には、世界卓球を内外に対して文革後の再建中国のイメージアップのための格好の材料としたかったのであろう、と見ている。

さらに、一九六一年の北京世界大会の意義を強調している。岸信介内閣の下で、一九五八年に長崎の中国商品展示会会場で中国国旗（五星紅旗）が日本人青年の手で引きずりおろされた事件や、六〇年の日米安保条約改定など、日中外交上の問題が発生した直後だった。だが、中国側は北京世界大会に日本の報道機関七社の入国を認めて、大々的な報道につながった。これを機に中国側から日中交歓卓球大会の相互開催案が提案され、翌六二年から直ちにスタートしたことは大きい。七月の訪中大会、十月の訪日大会が、いずれも盛大に行われたことが本書に具体的に描写されている。

当時の日中卓球交流が引き金となって、スケート（一九六三年）、バレーボール（一九六四年）、ハンドボール（一九六五年）、バスケットボールとレスリング（一九六六年）などの、日中スポーツ交流が動き出したのである。これらが伏流水のようにして、国交のない日中両国の貴重な交流の一つとなり、やがて日中国交正常化の大河へとつながっていくのである。

文化大革命の兆候が出始めた一九六六年にも、第三回日中交歓卓球大会が五月の来日、八月の訪中と展開されている。六七年から七〇年までは文化大革命の影響で中国との交流は途絶えるが、アジア、ソ連、欧州との卓球交流が進展し、広義のピンポン外交が見られる。

後藤会長は名古屋世界大会を成功させなければならない宿命にあった。その理由は、世界トップレベルの中国の参加を必要とし、文革後の中国への関心から中国人気を高め、入場料の増収につなげることであったと、森氏は明言している。

そして、一九七一年一月、北京での事前交渉が克明に活写されている。後藤会長、村岡久平日中文化交流協会事務局次長、小田悠祐秘書と森氏の通称四人組が、羽田—香港、香港から九竜鉄道での中国入り、広州—北京と、一泊二日かかっている。後藤会長は中国チームの参加要請をすると同時に、それに伴いアジア卓球連盟からの台湾除名を国際卓球連盟から勧告する腹積もりを持っていた。日中双方の会談では台湾が中国の一部であることについての記述を会談紀要に盛り込みたい中国側と、それを避けたい日本側とが折り合いがつかず、後藤会長が「もう、帰るか」と漏らすほどだったことが分かる。最終的には「政治三原則を認める」ことで決着した交渉経緯が明示されている。政治三原則とは、①中国を敵視する政策はとらない②〝二つの中国〟をつくりだす陰謀に加わらない③日中両国の関係正常化を妨げない——である。一月二十九日、北京の人民大会堂での周恩来総理との会見では、周総理が卓球に関する国際情勢や技術面の知識も豊富で専門用語を使いこなすのには驚いた、と指摘している。周恩来氏の卓球に精通した一面を表す貴重な証言である。

さて、名古屋世界大会の本番では中国チームが来日してからの模様が刻々とリアルに記述され、手に取るように分かる。森氏は、中国代表団の趙正洪団長の来日挨拶について、「友好第一、競技第二」「反米愛国の正義の闘争」の二点を指摘している。そして、アメリカチームの接触、交流は前述した通りである。ハイライトの中国、アメリカ両チームの短時間で米中両国代表団の接触・連絡の動きがドキュメンタリータッチで描かれている。まさに名古屋が舞台となって米中接近への道筋がつくられたことが裏付けられている。

「反米・反中の両国が基本原則は変えないといいながら、ここまで接近したのは、ピンポン外交のなせる業といえよう」と、森氏は冷静に評価している。

「ピンポン外交」という言葉の由来について、「中国が米国チーム招待」のスクープ記事を書いた共同通信の中島宏氏が一九七一年四月九日付け発信の「成功したピンポン外交　米中関係に大きな影響」という原稿で「勝敗よりも友好第一を合言葉に大会に臨んだ中国代表団は各所でピンポン外交を展開した」と書いている。四月十日付けニューヨークタイムズ社説では「Ping-Pong　Diplomacy」（ピンポン外交）という表現が出ている。「ピンポン外交」表現の元祖争いとなった。

「米国も中国も共に友好交流を願い、水面下での外交交渉はある程度進んでいたことになり、ちょうどその時に持ち上がった話が名古屋世界ということになる」と、森氏は締めくくっている。森氏から見れば「米中は日中ピンポン外交の副産物的なもの」となるのもうなづけよう。

ピンポン外交に関する著作としては、前述の銭江著『米中外交秘録　ピンポン外交始末記』がある。同書の「解説」欄で前出の共同通信・中島宏氏は「ピンポン外交について、舞台となった日本、及びアメリカの資料に加え、中国内部の情報やエピソードを紹介してまとめているのが特徴で、世界に衝撃を与えたピンポン外交に関する初のノンフィクションといってよい」と、位置付けている。「ピンポン外交について、当時の卓球関係者を中心に取材したと言われる中国側の内幕が明らかにされたのは初めて」と評価している。また、ニクソン大統領とキッシンジャーの回顧録では、アメリカから見ての詳細が明らかになっている。

本書は、日本の卓球協会役員の立場から、一九五〇年代後半からの世界やアジア・日中の卓球交流の歴史を克明に証言し、名古屋世界大会に至る経緯を明らかにした初のノンフィクションといってよい。これで、中国、アメリカ、日本の三カ国の報道、政治外交、卓球の関係者からピンポン外交を裏付ける著書が出そろったといえよう。

四　日中国交正常化

さて、名古屋世界大会の後、米中接近、中華人民共和国国連承認の歴史的な潮流の中で、翌一九七二年の日中国交正常化へと歴史が動いていく。

日本もアメリカに従って戦後、台湾の中華民国と国交を結んでいたが、バスに乗り遅れまいと、同年七月の自民党総裁選挙で「日中国交回復」を公約に掲げて勝利した田中角栄首相が北京を訪問し、周恩来、毛沢東と会って中華人民共和国との国交正常化を実現した。その背景には自民党内の親中国派を含む幅広い世論と、財界主流の「中国ブーム」の後押しがあった。

一九七二年九月二十九日に日中両国政府指導者によって調印された日中国交正常化共同声明

は、現代日中関係のいわば原点である。立役者は中国側が毛沢東主席、周恩来総理、姫鵬飛外交部長、日本側は田中角栄首相と大平正芳外務大臣である。

戦後、台湾の中華民国と国交を続けてきた日本にとって、中華人民共和国との国交開始をどのように表現するかが難しい点であった。共同声明では「日本国と中華人民共和国との間のこれまでの不正常な状態は、この共同声明が発出される日に終了する」と宣言した。「不正常な状態」という表現に落ち着いたのである。

共同声明の重要点は三つある。

① 日本は「一つの中国」を認定　「日本国政府は中華人民共和国政府が中国唯一の合法政府であることを承認する。」（共同声明二）

台湾の扱い方は微妙な表現となった。「中華人民共和国政府は、台湾が中華人民共和国の領土の不可分の一部であることを重ねて表明する。日本国政府は、この中華人民共和国政府の立場を十分理解し、尊重し、ポツダム宣言第八項に基づく立場を堅持する」（共同声明三、）

日本は台湾の帰属について直接の明示はせず、中国の立場を尊重するという間接的な表現をしているのである。また、日本は、一九四五年七月に米・英・中（中華民国）三カ国首脳が日本に無条件降伏を求めたポツダム宣言の第八項を堅持するとしている。第八項では、四三年に同じ三カ国首脳が対日政策を決めたカイロ宣言の履行、つまり、「満州、台湾など日本が清国人から盗取した地域を中華民国に返還すること」を明示するとともに、「日本の主権は本州、北海道、九州、四国、及び三カ国が決定する小諸島に局限する」と、規定している。中華民国に返還すべき地域に尖閣諸島（中国名・釣魚島）が含まれるかどうかについては明記されておらず、日中両国政府の間で今もなお見解が分かれている。

②　日本は戦争責任痛感、深く反省　「日本側は、過去において日本国が戦争を通じて中国国民に重大な損害を与えたことについての責任を痛感し、深く反省する。」（共同声明前文）

この中に「謝罪」が明示されていないとの指摘もあるが、相対的に謝罪の気持ちが込められているとの解釈が成り立つ。

③　中国は戦争賠償請求を放棄　「中華人民共和国政府は、中日両国国民の友好のために、日本国に対する戦争賠償の請求を放棄することを宣言する。」（共同声明五）

当時、周恩来総理は「中国人を苦しめたのは一握りの日本軍国主義者。大多数の日本人も一握りの軍国主義者の犠牲者。その日本人から賠償金を取り立てるわけにはいかない」と、日本への賠償請求を当然と思っていた中国国民を説得したのである。

このほかにも重要な内容がある（以下は共同声明前文より）

「日中両国は、一衣帯水の間にある隣国であり、長い伝統的友好の歴史を有する。」

「戦争状態の終結と日中外交の正常化という両国国民の願望の実現は、両国関係の歴史に新たな一頁を開くこととなろう。」

「日中両国間には社会制度の相違があるにもかかわらず、両国は、平和友好関係を樹立すべきであり、また、樹立することが可能である。」

また、共同声明九項目からも抜粋する。

「主権及び領土保全の相互尊重・相互不可侵、内政に対する相互不干渉、平等及び互恵並びに平和共存の諸原則の基礎の上に両国間の恒久的な平和友好関係を確立する。（中略）すべての紛争を平和的手段により解決し、武力又は武力による威嚇に訴えない。」

「貿易、海運、航空、漁業などの事項に関する協定の締結を目的として、交渉を行う。」
国交正常化に基づき、一九七八年に福田赳夫首相のもとで日中平和友好条約が締結される。「主権及び領土保全の相互尊重、相互不可侵、内政に対する相互不干渉、平等及び互恵並びに平和共存の諸原則」に基づく平和友好発展がうたわれた。また、両国が「アジア・太平洋地域においても又は他のいずれの地域においても覇権を求めるべきではなく、また、このような覇権を確立しようとする他のいかなる国又は国の集団による試みにも反対する」と、反覇権条項を規定した。

国交正常化と平和友好条約の交渉において日中両国指導者が大局的な見地から〝小異を残して大同に着く〟という歩み寄りをしたからこそ、この共同声明と平和友好条約は生まれた。共同声明と平和友好条約は両国家間の重要文書であり、そこに盛られた一字一句に重要な意味合いが込められている。現代の両国指導者も両国民も、国交を開いた共同声明と平和友好条約を今一度読み返して、その精神を見直すことが求められている。

ただし、一九九〇年代から戦争賠償を求める中国人個人の訴訟が提起され、日中両国間の戦後処理の在り方に一石を投じている。また、国交正常化交渉時に田中角栄首相と周恩来総理との間で尖閣諸島の問題についてやり取りが交わされたが、曖昧に終わっている。中国側は両国指導者の間で「(尖閣問題)棚上げ」の合意があったと主張しているが、日本政府は公式にはなかったと反論している。この二点は国交正常化交渉の中で不十分だったとして、今日まで尾を引いている。

さて、日中国交正常化以降、日中関係は経済交流を中心に順調に拡大を続ける。日本政府は一九七八年からスタートした中国の改革開放政策を支持し、長期低利子借款を主とするＯＤＡとして経済支援を続けた。経済支援を通じて中国の安定化を促すという対中外交の基本方針があったのである。戦争の贖罪意識も含まれていたことは否めない。日中友好ムードを追い風に、一九八〇年代の日中関係は官民とも最良の状態であった。但し、この間も中曽根康弘首相の靖国参拝問題や、旧日本軍の中国「侵略」を「進出」と書き改めた教科書問題など、日中間でトラブルは起きている。

日中関係の分岐点となったのが、一九八九年六月の天安門事件である。北京の天安門広場を中心に民主化を求める学生や若者たちに対し、中国共産党は武力弾圧を行った。西側陣営から経済制裁が行われるなか、日本は海部俊樹首相の訪中に次いで天皇陛下の初訪中を実現し、中国の復帰に手を差し伸べる。一九九〇年台に社会主義市場経済の下、中国経済の成長が急速に進む。日本企業の中国進出も活発化し、日中経済は切っても切れない密接な関係になる。

二十一世紀に入り、日中関係は困難に直面する。二〇〇一年から〇六年まで、小泉純一郎首相の度重なる靖国神社参拝に対し、中国政府は「Ａ級戦犯の祭ってある靖国神社への参拝は被害国の感情を傷つける」と抗議し、政府間交流が停滞する。「政冷経熱」状態と呼ばれた。〇六年秋に就任した安倍晋三首相が訪中し、胡錦濤国家主席との首脳会談で新たな日中関係をめざす「戦略的互恵関係」で合意する。だが、二〇〇八年の毒餃子事件で日本国内で中国食品の安全性に疑問が広がる。さらに、二〇一〇年に尖閣諸島周辺で中国漁船と海上保安庁の巡視船との衝突事件が起き、船長を逮捕・拘束したことに対し、中国政府が強硬的な対抗措置を繰り出す。二〇一二年には民主党政権が尖閣諸島の国有化を決定したため、中国政府は「日本が〝棚上げ〟合意を破り、全面支配に乗り出した」とみて抗議し、中国の主権を強く主張する。日本の実効支配に対抗して、島周辺での公船・軍用機の巡航などが常態化することになった。

　両国政府は対立状態にあったが、安倍晋三首相と習近平国家主席が二〇一四年一一月と二〇一五年四月に首脳会談を二回実現し、関係改善で合意した。尖閣問題ではトラブル防止メカニズムの確立を図るための話し合いが行われている。政府、議会レベルでの交流が動き出す一方、民間交流も回復している。

　日中関係は歴史問題と領土問題に関連して、国民感情の悪化が見逃せない。政府が毎年実施している外交調査で、中国へ親しみを感じる好感度は一九八〇年の七八・六%が最高だったが、前述のような日中関係の推移を反映して、徐々に低下してきた。二〇一四年には、好感度一八%に対し、親しみを感じないという不好感度は八〇%にまで悪化している。急速に大国化してきた中国を受け入れられない日本人の心理や、中国の強硬な海洋進出の姿勢への反発など、様々な理由が挙げられる。日本では中国のマイナス面を強調するメディア報道の影響により、中国への不理解・偏見を生んでいるとの指摘もある。一方で豊かになった中国人来日観光客が増加し、地域経済を潤すというプラス面も出てきている。引越しのきかない隣国同士として、相互交流による相互理解を促進していくことが求められている。

五　中国、台湾との関係

　中国との国交正常化と裏腹に、日本は台湾の中華民国との国交関係を断った。それ以前から大陸の中華人民共和国と台湾の中華民国が並立していたからである。日本と中国、台湾の関係は歴史的に複雑な経緯をたどっている。

　朝鮮半島の支配権を巡り日本と清国が戦った日清戦争（一八九四年〜九五年）にまでさかの

ぼる。明治維新によりアジアで最初に近代化を遂げた日本は「富国強兵」を掲げ、最後の王朝として国力に陰りを見せていた清国に勝利する。日清両国が一八九五年に戦後処理を協議した下関条約で台湾が日本に割譲され、一九四五年まで五十年間、日本が台湾を「外地」扱いで植民地支配をする。

中国大陸では清王朝が辛亥革命で倒れた後、一九一二年に共和制の中華民国が誕生する。その後、一九三一年の満州事変をきっかけに日中戦争へと展開する。日本の敗戦後に国民党と共産党の内戦（国共内戦）が繰り広げられ、毛沢東率いる共産党が勝利する。一九四九年に共産党を中心とする中華人民共和国が建国されたが、蒋介石の率いる国民党は台湾へ逃れて中華民国を名乗る。中国と台湾の複雑な時代が続くのである。アメリカをはじめ国連では台湾の中華民国を承認したが、その後も「中国代表権問題」が論じられた。

敗戦国日本は一九五一年にアメリカなどと締結したサンフランシスコ講和条約によって主権を回復し、西側陣営の一員として国際社会に復帰する。日本は翌五二年に同じ西側陣営の中華民国と日華平和条約を締結し、国交を結んだのである。社会主義陣営の中華人民共和国とは国交のない状態が続く。一九五〇年に勃発した朝鮮戦争で、米国を主とする国連軍が韓国を支援し、北朝鮮を中国が支援したことにより、米中の対立が決定的になった。東アジアにおける冷戦構造の中に、日本も組み込まれたのである。

しかし、日本と中国は国交がない状態でも、一九五〇年代から民間ベースの経済関係を構築していく。日本側は中国市場への期待感が底流にあった。また、日中友好協会や日中経済協会など、日中友好団体が相次いで発足して日中間交流の重要な役割を果たす。中国側は侵略責任者の日本軍国主義者と被害者の日本国民を分ける二分論を基本に、「政経不可分」で対日政策を展開していく。日本の歴代内閣は中華民国を優先しながら中華人民共和国との間で「政経分離」の舵取りを模索しながら進んでいく。吉田茂内閣の「親米、反中・ソ」路線、鳩山一郎内閣の対中・対ソ積極外交、岸信介内閣の日米安保重視、池田勇人内閣の対中貿易拡大、佐藤栄作内閣の沖縄返還——と続く流れである。

各国が次々と中華人民共和国と国交を結び、中国とアメリカの急接近によって潮目が変わる。一九七一年秋の国連総会で中華人民共和国が正式加盟を認められ、中華民国は国連から脱退した。そして、一九七二年九月の日本政府と中華人民共和国政府との日中国交正常化により、中華民国との外交関係は終わりを告げる。このとき、椎名悦三郎自民党副総裁が日本政府特使として訪台し、交渉にあたった。結果として、中華民国は日華断絶を宣言、「中華民国政府は日本政府と外交関係を断絶すると宣布し、その責任が完全に日本政府にあることを指摘する」「すべての日本の反共民主人士に対して、我が国政府は依然として友誼を保持し続ける」と表明した。

台湾は「国家」としてではなく「地区」として扱われるようになったが、独自の政治経済外交体制を維持し、日本や米国とも経済文化を中心とする交流を続けている。中国は将来的に「台湾統一」を悲願としている。台湾は東アジアの安全保障上、日米中関係において複雑な存在となっている。

六　ピンポン外交の評価

名古屋を舞台としたピンポン外交は中国を世界のひのき舞台に押し上げるきっかけとなった重要な出来事である。今もなお、中国の政府・有識者からは高く評価されている。

銭江氏は前出の著書で「ピンポン外交は注目すべき歴史的事件で、中米両国の間を二十二年間も遮ってきた扉を押し開き、中国外交に重要な転機を与えました」と、位置付けている。また、「日本はピンポン外交が展開された舞台でした。日本の友人がこの舞台の設定のために払った努力を中国人民は永久に忘れないでしょう」と、日本への思いを述べている。

二〇〇一年には三十周年記念として北京で米中親善卓球大会があり、キッシンジャーと中国の李嵐清副総理がラリーを応酬した。二〇一一年の春にも北京、名古屋で四十周年記念企画があった。また、東海日中関係学会が中国中日関係史学会と協力して、名古屋で一九九二年にピンポン外交三十周年記念シンポジウム、二〇一二年には同四十周年記念シンポジウムを開催している。三十周年シンポジウムでは名古屋世界大会に立ち会った丁民氏が出席し、当時の貴重な証言を披露した。四十周年シンポジウムではパネリストの間で「後藤鉀二先生はノーベル平和賞に匹敵する」（李春利愛知大学教授の提唱）との賞賛の言葉が上がった。

中国では故後藤鉀二氏のことを「ピンポン外交の立役者」と呼び、高く評価している。後藤氏は一九七二年一月にニクソン訪中を見ずして死去。その後、遺族が招待を受けて北京を訪問した際に周恩来総理から、「中国には『水を飲むときは井戸を掘った人のことを忘れない』との諺がある。中国人は後藤先生のことを忘れません」との言葉を受けた。この諺はその後、日中関係に尽くした人を称える際に使われるようになった。

「後藤鉀二先生氏がいなかったら、名古屋という舞台がなかったら、米中関係の打開はもっと遅れていたことは確かなのですから」とは、『米中外交秘録　ピンポン外交始末記』の訳者神崎勇夫氏の評価である。

ピンポン外交の残したものは一般的に二つあるとされる。一つ目は人民友好。中国チームを日本に招待し、米中チームの交流が生まれ、米中両国が相手のチーム相互招待するまでに発展した。二つ目は国際政治である。毛沢東の見通しと決断、ニクソン大統領の戦略が見事なまでに名古屋の世界卓球で実を結んだのである。

銭江氏は著書で「ニクソン訪中により、事実上の米中関係がスタートし、アメリカの中国包囲網が取り払われ、両国間の冷戦状態が終わりを告げる。（中略）各国は一斉に中国との国交に走り、中国の国際社会復帰が実現した。（中略）中ソ対立の深刻化と中国・ベトナム友好関係の崩壊という副産物をもたらし、その後の国際情勢の新しい枠組みを形成していった」と、ダイナミックな国際政治の構造変化をもたらしたと指摘している。

ピンポン外交は日本、あるいは地元名古屋でも知る人が少なくなっているが、愛知県が二〇一五年五月に愛知県体育館の一角に、ピンポン外交の歴史的意義を顕彰し、日中米をはじめとする世界の友好・平和を願う「ピンポン外交記念モニュメント」を除幕した。名古屋が世界政治を動かす舞台となったことを広く知らせ、後世に伝えることは重要である。

現代においても、国際関係の潮流を巨視的に捉え、進むべき道を戦略的に構想し、その実現のために外交や民間の有効な手段を活用しつつ取り組んでいくことの重要性が改めて求められているといえよう。ピンポン外交の教訓は今もなお活きている。

2007年	4月	温家宝総理が来日、国会で演説。安倍晋三首相と会談。
	12月	福田康夫首相が訪中、胡錦濤国家主席と首脳会談。
2008年	1月	日本国内で販売された中国製ギョウーザによる中毒事件起きる。
	5月	胡錦濤国家主席が来日、「戦略的互恵関係の包括的推進に関する共同声明」を発表。 中国四川省でマグニチュード8.0の大地震発生。日本の国際緊急援助隊派遣。
	6月	東シナ海のガス田開発に関する日中合意を発表。
	8月	北京五輪開幕。
	12月	温家宝総理来日、福岡で第一回日中韓首脳会議開催。
2009年	4月	麻生太郎首相が訪中、温家宝総理と会談。
2010年	4月	胡錦濤国家主席が訪米、オバマ大統領と会談。 上海万博開幕。
	9月	尖閣諸島沖で中国漁船が海上保安庁の巡視船と衝突、中国人船長らを逮捕。
2012年	4月	石原慎太郎東京都知事が都による尖閣諸島購入計画を発表。
	9月	野田佳彦内閣が尖閣諸島（魚釣島、北小島、南小島）の購入（国有化）を閣議決定。 中国国内約百か所でデモなど反日行動。中国の公船が尖閣諸島付近に巡航。
	11月	習近平氏が中国共産党総書記に就任。
	12月	安倍晋三内閣成立。
2013年	6月	習近平国家主席が訪米、オバマ大統領と会談。
	12月	安倍晋三首相が靖国神社参拝。
2014年	2月	全人代常務委員会で、「南京大虐殺犠牲者国家哀悼日」（12月13日）、「抗日戦争勝利記念日」（9月3日）を設定する法案を採択。
	11月	北京APEC開催中、安倍晋三首相と習近平国家主席が初の首脳会談。
2015年	4月	ジャカルタのアジア・アフリカ会議50周年会議で安倍晋三首相と習近平国家主席が二回目の首脳会談。
	8月	安倍首相が戦後70年談話を発表。「侵略、植民地、反省、お詫び」の言葉入る。
	9月	北京で抗日戦争勝利70年記念軍事パレード。 習近平主席閲兵、人民解放軍30万人削減を発表。安倍首相は出席せず。

1982年 5月	日本の歴史教科書検定で文部省が「華北侵略」を「華北進出」に書き換えさせたと報道。
1982年 7月	中国が日本の教科書問題で日本政府に抗議。
1983年11月	胡耀邦総書記が来日、中曽根康弘首相と会談。日中友好21世紀委員会の設置を決定。
1984年 9月	日本の青年3000人を中国が招待。
1985年 8月	中曽根首相が靖国神社公式参拝。
1986年12月	中国各地で民主化求めるデモ。
1987年 1月	胡耀邦総書記解任。
1989年 6月	天安門事件起きる。民主化求める学生・市民を武力弾圧。
1991年 8月	海部首相訪中し、対中ODA凍結を解除。
1992年1～2月	最高実力者鄧小平が南巡講和し、改革開放の加速を宣言。
12月	天皇・皇后両陛下が訪中。
1993年 8月	細川護熙首相が日中戦争を「侵略戦争」と認める。
1994年 8月	中国共産党が愛国主義教育実施綱要を公布し、愛国主義教育基地建設などを発表。
1996年 3月	台湾総統選挙に対し、中国が台湾海峡で軍事演習ミサイル発射で威嚇。
1997年 2月	鄧小平死去。
7月	香港が中国に返還。
1998年 6月	クリントン大統領訪中、「建設的で戦略的なパートナーシップ構築」を再確認。
11月	江沢民国家主席が来日、「平和と発展のための友好協力パートナーシップ宣言」を発表。
1999年11月	マニラで初の日中韓首脳会談開催。
2001年 8月	小泉純一郎首相が靖国神社参拝、中国が抗議。
2002年 4月	小泉純一郎首相が靖国神社参拝、中国が抗議。
2003年 1月	小泉純一郎首相が靖国神社参拝、中国が抗議。
2004年 1月	小泉純一郎首相が靖国神社参拝、中国が抗議。
2005年 4月	中国各地で日本の国連常任理事国入り反対のデモ発生。
9月	小泉純一郎首相が靖国神社参拝、中国が抗議。
2006年 8月	小泉純一郎首相が靖国神社参拝、中国が抗議。
10月	日中歴史共同研究がスタート。
	安倍晋三首相が訪中、胡錦濤国家主席と首脳会談、「戦略的互恵関係」で合意。「政冷経熱」状態を改善。

ピンポン外交の軌跡　関連年表　2

1971年4月	名古屋で荘則棟、グレン・コーワン両選手の交流。
	毛沢東、米卓球チーム訪中招待を決定。
	米など5か国卓球チーム訪中、北京で周恩来と会見。
	米、非戦略物資の対中直接貿易など5項目措置発表。
	ニクソン、訪中の希望を表明。
	周恩来メッセージ（米特使、国務長官、大統領の訪中受諾）、パキスタン・ルートで米に届く。
7月	キッシンジャー米大統領補佐官、秘密裏に訪中。毛沢東、周恩来と会談。
	ニクソン、キッシンジャー訪中と自身の訪中計画をテレビで公表（“ニクソン・ショック”）。
10月	中国の国連加盟決定、台湾の中華民国は国連脱退を声明。
1972年 2月	ニクソン大統領訪中、毛沢東、周恩来と会談。米中共同声明「上海コミュニケ」発表。
4月	中国卓球チーム訪米。
5月	アジア卓球連合を創設。
7月	田中角栄内閣成立。
9月	田中角栄首相訪中、周恩来総理らと日中国交正常化交渉。共同声明発表。
	同日、大平外相が日華平和条約は存続の意義を失い終了と表明。
	同日、台湾が日本との国交断絶を宣言。
10月	日中覚書貿易協定調印。
11月	日中経済協会設立。
12月	台北に日本の交流協会、東京に日本の亜東関係協会設立。
1973年 1月	ベトナム和平協定調印。
1974年 8月	ニクソン辞任演説。
1975年 4月	南北ベトナム統一。
1976年 1月	周恩来死去。
9月	毛沢東死去。
1978年 8月	日中平和友好条約締結。
10月	鄧小平副総理来日。
1979年 1月	米中国交樹立。
12月	大平首相訪中、中国へ500億円の政府資金供与を約束（対中ODA）。

ピンポン外交の軌跡　関連年表　1

1949年10月　中華人民共和国成立。
1950年 6月　朝鮮戦争開始。
1956年 4月　東京で第23回世界卓球選手権大会開催。
1958年 5月　長崎国旗事件起こる。
1960年 1月　日米安保条約改定
1961年 4月　北京で第26回世界卓球選手権大会開催。
1962年 7月　中国で初の日中交歓卓球大会開催。
10月　日本で初の日中交歓卓球大会開催。
1965年 2月　米軍、北ベトナム爆撃開始（ベトナム戦争）。
1966年 5月　中国文化大革命始まる。
1968年 8月　ソ連、チェコ侵入。
周恩来総理、「ソ連社会帝国主義」と非難。
1969年 1月　ニクソン米大統領就任。
3月　中ソ両軍、珍宝島（ダマンスキー島）で衝突（以後、衝突事件頻発）。
7月　米、対中貿易・旅行制限の一部緩和。
ニクソン大統領、世界旅行の途中、「ニクソン・ドクトリン」を発表。
パキスタン、ルーマニア訪問で両国首脳に対中メッセージ仲介を依頼。
12月　米、再び対中貿易制限緩和。
1970年 1月　米第七艦隊台湾海峡パトロール縮小発表。
5月　米・南ベトナム軍、カンボジア侵攻（中国、ワルシャワ大使級会談中止を通告）。
10月　ニクソン、チャウシェスク・ルーマニア大統領歓迎宴会で中国を正式名称で呼ぶ。
11月　ヤヒア・カーン・パキスタン大統領が訪中、米の対中和解の意向伝達。
12月　米特使派遣受諾との周恩来回答がニクソン宛に届く。
毛沢東、エドガー・スノーと会見、ニクソン訪中を歓迎と発言（71年4月の米ライフ誌で公表）。
1971年 1月　中国、ルーマニア通じ特使に加えニクソン訪中も歓迎と伝える。
後藤鉀二日本卓球協会会長ら香港経由で北京入り、周恩来らと会談。
2月　日中卓球会談紀要調印、第31回世界卓球選手権大会（名古屋）への中国参加決定。
米・南ベトナム軍、ラオス侵攻作戦。
ニクソン、外交報告で対中改善の希望を正式表明。
1971年3月　米、対中旅行制限撤廃。
中国卓球代表団来日、名古屋で世界卓球大会開幕。

参考文献・論文

森武「ピンポン外交」(1989年、「早稲田大学社会科学研究」)
森武ほか「卓球の特性と歴史」(1995年、卓球コーチ教本　日本卓球協会編)
銭江『米中外交秘録　ピンポン外交始末記』(1988年、東方書店)
キッシンジャー『On　China』(日本語訳『キッシンジャー回想録　中国(上)』(2012年、岩波書店)
中江要介『日中外交の証言』(2008年、蒼天社)
王泰平編『ピンポン外交の回想―第31回世界卓球選手権大会40周年記念―』
(2011年、日本語版　学校法人名古屋電気学園)
周斌『私は中国指導者の通訳だった』(2015年、岩波書店)
天児慧『日中対立―習近平の中国をよむ』(2013年、筑摩書房)
毛里和子『日中関係』(2006年、岩波新書)
高原明生ほか『日中関係史』(2013年、有斐閣アルマ)
川村範行ほか『中国社会の基層変化と日中関係の変容』(2014年、日本評論社)
川村範行「現代日中関係の発展過程－日中新協力体制の構築」(2010年、名古屋外国語大学紀要)
川村範行「尖閣諸島領有権問題と日中関係の構造的変化に関する考察(2014年、名古屋外国語大学外国語学部紀要)
川村範行「米国の新アジア太平洋戦略と日中関係に関する考察―安全保障上の信頼関係をいかに築くか」(2013年、名古屋外国語大学外国語学部紀要)
岡田充『尖閣諸島問題－領土ナショナリズムの魔力』(2012年、蒼蒼社)
春原剛『暗闘　尖閣国有化』(2013年、新潮社)
リチャード・C・ブッシュ『日中危機はなぜ起こるのか』(2012年、柏書房)
宮本雄二『これから、中国とどう付き合うか』(2011年、日本経済新聞出版社)
岡部達味『日中関係の過去と将来　誤解を超えて』(2006年、岩波現代文庫)
岡部達味『二十一世紀初頭における中国の国際的地位と日中関係』(「東亜」2011年6月号、霞山会)
竹内好『日本とアジア』(2005年、ちくま学芸文庫)
加々美光行『鏡の中の日本と中国』(2007年、日本評論社)

森　武（もり　たけし）

一九三二年、山形県生まれ。早稲田大学卒業。在学中は卓球部主将として活躍。一九五六年度日本軟式卓球選手権大会シングルス優勝。

一九七九年、第35回世界卓球選手権大会男子監督。一九八一年、第36回世界卓球選手権大会総監督。その他、アジア卓球選手権大会など多くの国際大会で総監督、監督を務める。

一九八七年〜一九九三年、国際卓球連盟ランキング委員会委員、副委員長。一九八七年〜一九九一年、財団法人日本卓球協会専務理事。一九九二年〜一九九五年、財団法人日本卓球協会副会長。一九九四年〜二〇〇九年、東京都卓球連盟会長。

早稲田大学名誉教授。日本卓球協会名誉顧問。東京都卓球連盟名誉会長。

川村範行（かわむら　のりゆき）
一九五一年、岐阜県生まれ。早稲田大学第一政治経済学部卒業。元中日新聞・東京新聞論説委員、同上海支局長。名古屋外国語大学外国語学部特任教授。日本日中関係学会副会長兼東海日中関係学会会長。同済大学顧問教授、北京城市学院客座教授。日中文化協会理事。専門は日中関係、現代中語論。
主著に『中国社会の基層変化と日中関係の変容』（共著、日本評論社、二〇一四年）、『亜太地区与中日関係（アジア太平洋地域と日中関係）』（共著、上海社会科学院出版社、二〇〇二年）。

装丁　三矢千穂

ピンポン外交の軌跡
―東京、北京、そして名古屋―

2015年10月27日　初版第1刷　発行

著　者　森　武
発行者　ゆいぽおと
〒461-0001
名古屋市東区泉一丁目15-23
電話　052（955）8046
ファクシミリ　052（955）8047
http://www.yuiport.co.jp/

発売元　KTC中央出版
〒111-0051
東京都台東区蔵前二丁目14-14

印刷・製本　モリモト印刷株式会社

内容に関するお問い合わせ、ご注文などは、すべて右記ゆいぽおとまでお願いします。

乱丁、落丁本はお取り替えいたします。


ISBN978-4-87758-454-2 C0026

ゆいぽおとでは、
ふつうの人が暮らしのなかで、
少し立ち止まって考えてみたくなることを大切にします。
テーマとなるのは、たとえば、いのち、自然、こども、歴史など。
長く読み継いでいってほしいこと、
いま残さなければ時代の谷間に消えていってしまうことを、
本というかたちをとおして読者に伝えていきます。